디자인하우스는
좋은 책으로 아름다운 세상을 만들어 가기 위해
언제나 독자 여러분들과 함께합니다.
www.design.co.kr을 방문하셔서 독자 회원이 되시면
더욱 많은 혜택과 다양한 서비스를 받으실 수 있습니다.

CEO의
다이어리엔
뭔가
비밀이 있다

24 JIKAN O SAIDAIGEN NI IKASU OOWAZA URAWAZA
by NISHIMURA Akira

Copyright ⓒ 2000 by NISHIMURA Akira
All rights reserved.
Translation copyright ⓒ 2000 by DESIGN HOUSE
Originally Published in Japan
by KIKO SHOBO, an imprint of SSI CORPORATION, JAPAN.
Korean translation rights arranged with
KIKO SHOBO, an imprint of SSI CORPORATION, JAPAN, Japan
through THE SAKAI AGENCY and BOOKPOST AGENCY.

이 책에 실린 글과 그림의 무단전재와 무단복제를 금합니다.
(주)디자인하우스는 김영철 변호사 · 변리사(법무법인 케이씨엘)의 법률 자문을 받고 있습니다.

■■ 월급쟁이를 CEO로 바꾸는 시간 경영 ■■

CEO의 다이어리엔 뭔가 비밀이 있다

니시무라 아키라 지음

권성훈 옮김

프.롤.로.그.

...

...

...

...

나에게는 비밀스러운 자랑거리가 있다. 그것은 지금까지 40여 년을 살아 오면서 약속한 시각에 늦은 적이 없다는 것이다. 학교 수업, 회사원 시절의 근무, 친구들과의 약속, 심지어 연간 300회의 강연, 10권의 단행본 집필과 10편 이상의 잡지 연재, TV · 라디오 출연과 취재 등, 매일이 수많은 약속으로 꽉 차 있는 현재에 이르기까지 늦어서 상대에게 피해를 끼친 적은 없다고 단호히 말할 수 있다.

이것은 결코 우연이 아니다. 예를 들면, 이 책의 원고 마감을 나는 편집 담당자와 지금으로부터 5개월 전에 이미 정했다. 프롤로그부터 써 나가기 시작해서 대략 1개월 만에 완성해서 몇 시에 어느 호텔 로비로 가져갈 것인가까지 정했었다. 지금까지 40권 이상의 책을 이런 방법으로 진행시켜 왔다.

마감 일부터 역으로 계산해서 5개월 이전 시점에서의 약속.

그 5개월 동안 다른 책도 매달 1권 분량으로 쓰고 있었고, 잡지 연재도 하고 있었다. 또한 강연 의뢰 등 새로운 스케줄은 책의 마감을 약속한 후에도 계속해서 들어왔기 때문에 객관적으로 생각하면 약속을 늦출 수밖에 없는 조건이었다.

그러나 나는 지금까지 어떻게든 시간을 맞춰 왔다. 여기에는 하나의 포인트가 있다. 이 약속은 5개월 전에 한 것이고 결코 돌발적인 약속이 아니라는 점이다. 즉, 대책을 생각할 여유가 있고, 작업을 평준화함으로써 마감 직전에 이르러서 무리하며 쫓기는 것을 피할 수 있다. 5개월이라는 장기 계획에 앞서, 처음 1개월째에는 무엇을 하고 첫째 주에는 무엇을 하며 그리고 오늘 또는 이 시점에서 무엇을 해야 하는가라는, 앞으로의 목표를 세분화하여 나 자신에게 지시할 수 있다.

5개월이라는 시간은 마라톤과 같다. 42.195킬로미터의 장거리 레이스를 두고 5킬로미터마다 시간을 보면서 페이스를 조절하는 것이다. 현대를 살아가는 누구에게나 이 같은 능력이 요구된다. 단순히 '열심히 한다'라는 근성이 아니라 '어떻게 하면 자원을 최대한 효율적으로 이용하여 일 처리를 할 것인가'라는 생산 관리의 매니지먼트를 시간 계획에서부터 적용하는 것이다.

또 하나의 중요한 포인트는 언제 어떤 돌발 사고가 일어날지도 모른다는 전제하에 움직이는 것이다.

물론 여기에는 정도의 차이가 있다. 아무리 돌발 사고를 염두에 두고 계획을 세운다고 해도 그런 것과 상관없이 속수무책인 상황에 직면할 수도 있다. 예를 들어 비행기 사고로 내가 죽게 된다면? 그러니 이것은 어디까지나 개인의 능력과 노력 그리고 시간을 효율적으로 관리하여 리스크를 최소화하자는 데 목적이 있다.

나는 연간 300회의 강연 스케줄에 따라 전국을 돌아다니고 있다. 1

프롤 로그

년 중 대여섯 차례는 해외로 나가기 때문에 2개월 정도는 집을 비운다. 설날 등 강연 스케줄이 들어올 리 없는 날을 빼고 나면, 하루에 평균 1회의 강연으로도 모자라 더블헤더, 트리플헤더도 종종 있는 게 현실이다. 그럼에도 불구하고 틈틈이 원고를 쓰고, 취재를 하고, TV·라디오 출연도 하고 있다.

연간 호텔 숙박 200일, 월 교통비 100만 엔 이상이다. 이 스케줄을 맞추기 위해서 나는 최대한으로 노력하고 있다.

우선 절대로 빼놓을 수 없는 것이 건강 관리다. 몸 상태를 망쳐 쓰러진다면 더 이상 스케줄을 논하는 것이 의미가 없다. 나는 사회인이 되고 나서 지금까지 병으로 회사를 나가지 못한 적이 한 번도 없었다. 단순히 운이 좋았기 때문일까? 부정하지는 않겠지만, 그 이면에는 건강을 유지하기 위한 나름대로의 노력이 있었음을 강조하고 싶다.

건강을 지키기 위해, 무엇보다도 나는 철야 작업은 절대로 하지 않는다. 나는 20년 가까이 방송국에서 일해 왔는데, 원체 방송국이란 데가 방송 시간을 맞추기 위해서 철야로 편집 작업을 할 때가 다반사다. 그러나 이 방송국 근무 시절부터 오늘날 독립에 이르기까지 나는 한 번도 철야를 한 적이 없다. 어떤 경우에서도 두세 시간은 반드시 눈을 붙였다.

'너무 바빠 철야를 해야 한다'는 동료들의 경우를 따지고 보면, 일의 착수가 늦었기 때문에 막판에 잠잘 시간까지 고스란히 반납해야 하는 경우가 대부분일 거라고 생각한다. 그렇다면 왜 착수가 늦었는가? 그것은 앞의 일이 밀려 막바지에 철야를 해서 마무리를 지었기 때문에 체력적·정신적으로 지쳐서 다음 일을 제시간에 시작할 수가 없었기 때문이다.

이게 바로 전형적인 악순환이다. 마감을 뒤로 미루기 때문에 다음 일에 혹이 붙어 버리는 것이다. 모든 스케줄을 당겨서 끝내 간다면 굳이 철야를 하지 않아도 될 테고, 여유 있게 일을 마칠 수 있었기 때문에 다음 일도 제때에 척척 시작할 수 있을 것이다. 그러니 다음 일을 위해서라도 지금의 일을 빨리 끝내려는 의식을 갖는 것이 중요하지 않을까?

젊을 때는 철야를 해도 견딜 만하지만, 나이를 먹어서 하룻밤 철야를 하면 그 후유증이 며칠 간 계속된다. 이것을 반복하다 보면 언젠가는 몸에 무리가 와 장기 휴가가 필요하게 될 것이다.

나의 스케줄 표는 빡빡하게 차 있기 때문에 그런 휴가는 어렵다. 그러니 미리부터 철야를 피하고 체력 소모를 최소한으로 하도록 노력하는 것이다.

같은 이유로, 다음날에까지 영향을 미치는 폭음이나 마작 등도 한 적이 없다. 아무리 늦어도 신데렐라처럼 자정이 되기 전에 집으로 향하거나, 집으로 돌아갈 수 없을 때는 호텔에서 숙박을 한다.

이외에도 몸 상태를 유지하기 위해서 아침 일찍 체조를 하거나 조깅, 수영을 빠뜨리지 않으려고 항상 마음을 쓰고 있다. 건강 관리와 함께 매일의 스케줄에도 세심한 주의를 기울이고 있다.

자세한 것은 이후에 천천히 설명하겠지만, 기본적으로 '비행기나 신칸센은 예정 시간보다 늦는다'는 전제 하에서 스케줄을 짠다. 따라서 짧은 거리는 1시간, 먼 거리는 2시간 정도 약속보다 일찍 도착하도록 스케줄을 짜고, 그 전날에 이동하는 경우도 많다. 태풍이나 폭설을 염두에 두고 이동 계획을 세우는 것은 물론이고 약속이 깨질 것을 고려해서 제2, 제3의 스케줄도 준비해 둔다.

종종 '차가 막혀서 시간에 맞추지 못했습니다'라고 변명을 하는 사람이 있다. 그러나 비즈니스 사회에서 이것은 용납되지 않는다. 당신이 늦는 사이에 라이벌 회사가 먼저 상담을 성립시킬지도 모른다. 시간을 꼭 좀 내 달라고 사정해서 간신히 약속을 잡았는데 시간에 맞추지 못한다면 상대방이 화를 낼 것은 불을 보듯 뻔하다. 왜 당신은 교통 정체는 당연히 있을 것이라는 전제 하에서 움직이지 않았는가.

직장에서도 보면 지각하는 사람은 거의 정해져 있다. 그럴 때마다 교통 체증을 악역으로 등장시키지는 않는지. 전철이나 차가 늦었다고 해도 여유를 갖고 일찍 출발했더라면 지각을 하지는 않았을 텐데. 그 정도조차 대비하지 못하는 무방비의 사람을 과연 얼마나 신뢰할 수 있을까?

일상은 평범함의 연속이다. 대단하고 획기적인 뭔가를 필요로 하는 일은 그렇게 빈번하게 일어나지 않는다. 그럼에도 그러한 일상을 확실하게 지켜 나가는 사람은 흔치 않다. 만약 그런 사람이 있다면 상사도 그 사람을 높이 평가할 것이다. 일상 업무에서 신뢰를 얻는다면 중요한 직책에 발탁될 가능성이 커진다. 그러나 그 반대의 사람이라면 이러한 행운은 기대할 수 없다. 일상 업무를 만족스럽게 해내지 못하는 사람을 발탁하는 상사는 절대로 없을 것이며, 그런 사람은 고객이나 거래처, 동료에게도 신뢰를 얻지 못하기 때문에 능력을 발휘할 기회조차 얻지 못하는 것이다.

이렇게 생각해 보면, 시간 관리는 비즈니스맨이 터득해야 할 가장 중요한 테크닉이라는 것을 깨달을 수 있다.

시간 그 자체는 형태가 없고 파악하기 힘들며 무한하다는 착각을 일으키기 쉽다. 그러나 현실에서의 시간이 과연 그럴까?

이 책에서는 어떻게 시간을 스스로의 무기로 만드는가에 대해서 이야기해 나가고자 한다. 바꿔 말하면 전략적 시간론이다. 전략적이란 '진취적으로 계획성을 갖고 임한다' 는 것이다. 전략적이란 '시간을 자원으로 생각하고 그것을 어떻게 살릴 것인가를 생각함으로써 얼마나 인생을 풍요롭게 할 것인가' 라는 의미이다.

이 책이 당신의 일상 생활에 조금이라도 보탬이 된다면 저자로서 그 이상의 기쁨은 없을 것이다.

...
...
...
...
...
...

2000년 초가을

경제 캐스터 니시무라 아키라

프롤로그

목.차.

프롤로그 ... 004

제 1 장
이제, 당신의 하루도 '구조 조정'이 필요하다
'시간 리스트럭처링'으로 시간을 만들어 내는 방법

- 자본이 없는 자에게는 시간이 무기이고 자원이다 ... 016
- '모래시계'의 속도는 무서울 정도로 빠르다 ... 018
- 큰 그림이 있어야 방법이 나온다 ... 021
- '시간 리스트럭처링'이란 무엇인가? ... 023
- 써 버린 시간과 돈은 반드시 기록하라 ... 026
- 러시아워를 피해 죽은 시간을 살린다 ... 028
- 잡다한 시간은 구조 조정 1순위 ... 030
- '의무적 시간'도 플러스 발상으로 전환하라 ... 032
- 나는 13년 동안 '시간이 없다'고 불평했다 ... 034
- 포스트잇은 시간 리스트럭처링의 일등 공신 ... 036

제 2 장
당신의 시간 사용 방법은 무엇이 잘못되어 있는가?
초보자를 위한 니시무라 식 시간 관리술

- 스케줄 표를 만들고 자신의 행동 패턴을 파악하라 ... 042
- 한가한 날일수록 스케줄 관리를 철저히 하라 ... 044
- 3분 동안에도 이만한 일들을 할 수 있다 ... 046
- 1시간은 55분과 5분으로 나누는 발상 ... 049
- 나의 시간당 노동 생산량은? ... 051
- 수첩은 시간을 만들어 내는 마법의 도구 ... 053
- 시간 관리의 성패는 새벽에 달려 있다 ... 056
- 왜 새벽이 핵심인가? ... 058
- 밤 시계는 30분 간격, 아침 시계는 5분 간격 ... 060
- 밤의 술자리는 어떻게 대처해야 하는가? ... 063
- 아침을 두 번 맞는 '1일 2분할법' ... 065
- 1시간은 '15분이 4개' 라는 발상 ... 068
- 산만한 사람은 특히 '1시간 4분할법'을! ... 070
- 마감 효과를 최대한 끌어내라 ... 072
- 동시 병행 처리의 원칙으로 효율 상승 ... 074
- '~하는 김에' 가 하루를 사흘로 만들어 준다 ... 076

제 3 장
프로는 이것이 다르다.
24시간을 최대한으로 활용하기 위한
니시무라 식 3·3·3 시간 관리

- 목표는 자신의 능력의 3배로 잡아라 ... 080
- 일부러 허세를 부려 자신을 변화시켜라 ... 082
- 제한된 시간에 남들 3배의 정보를 얻는 기술 ... 085
- 비즈니스에 정말 도움이 되는 정보는 어디에 있나? ... 088
- '정보 수집의 습관화'는 시간 절약에 큰 도움이 된다 ... 090
- 새벽 3시 기상도 습관 들이기 나름 ... 092
- 어중간한 시간도 사용하기에 따라서는 유용하다 ... 094
- 일을 시작하기 전에는 '주문'을 걸어 본다 ... 097
- 정리가 없으면 시간 관리도 없다 ... 099
- 시간 관리에도 'Simple is Best' ... 100
- 주변 정리는 머리 정리에도 도움이 된다 ... 103
- 비일상적인 환경에서 평소대로 일하는 요령 ... 105
- 내가 개발한 호텔 이용법 ... 108
- 감기도 '예정대로' 걸려라!? ... 111
- 시간 관리를 못하는 사람은 인맥도 만들지 못한다 ... 113
- 인맥 유지를 위한 15분의 시간 ... 115
- 항상 'Yes, we can'의 자세로 ... 117
- 바쁜 사람일수록 많은 일을 할 수 있다 ... 120

- 마감 엄수는 기본 중의 기본이다 … 122
- 약속 시간 15분 전에 도착하는 것의 이점 … 124
- 내가 '지각 0'의 기록을 이어 나갈 수 있는 이유 … 126
- 출장을 절호의 기회로 삼아라 … 129
- 불규칙적인 근무 시간을 역으로 이용하라 … 131
- 마음먹기에 따라 자유 시간은 얼마든지 만들 수 있다 … 133

…
…

제 4 장
성공한 사람에게서 볼 수 있는
시간을 사는 발상 · 파는 발상
진정한 비즈니스맨은 시간을 거래한다

- '시간은 공평하게 주어진다'라는 말은 정말일까? … 138
- '시간을 판다'라는 새로운 발상의 비즈니스 … 140
- 출장지의 호텔 선택도 '비용 대 효과'의 발상으로 … 142
- 내가 일부러 느린 열차를 타는 이유 … 144
- 급행 열차와 비행기 중 어느 것을 … 147
- 패스트푸드 비즈니스는 시간을 파는 장사 … 149
- 쾌적한 식사를 원한다면 '시간차 공격'으로 … 151
- 자주 가는 출장지에 '현지처'를 만들어라!? … 154
- 시간 요구를 충족시킨 히트 상품이란? … 156
- '시간에의 집착'이 아사히 맥주를 약진시켰다 … 158

목차

- 시간 단축 효과로 리스크를 낮춘 수영복 업계 ... 160
- 시간 매니지먼트로 이득을 보는 특별한 장사 ... 162
- '한정 기획 상품'은 큰 판촉 효과를 갖는다 ... 165
- 또 다른 시간 비즈니스—시간 多 소비 ... 167

제 5 장

시간이 늘 부족한 사람에게 꼭 필요한 콜럼버스의 달걀
시간 관리에도 발상의 전환이 필요하다

- 시간 관리의 비밀은 시각표에 있었다 ... 172
- '시각'과 '시간'은 전혀 다른 것 ... 174
- 작심삼일인 사람은 3일마다 계획을 세워라 ... 176
- '15분밖에 없다'와 '15분이나 있다'의 커다란 차이 ... 179
- '아직'이 '벌써'가 되고, '벌써'가 '아직'이 된다 ... 181
- 'Dog Year 시대'를 어떻게 살아갈 것인가? ... 184
- TOP이란 T.P.O를 아는 사람 ... 186
- 말하기의 기본은 3분임을 명심하라 ... 188
- '3초의 수고'를 아끼지 말자 ... 190
- 좋은 결과를 위해서는 시간이 좀더 필요하다? ... 192
- 다음으로 비약하기 위한 금요일 밤 활용법 ... 194

에필로그 ... 197

제1장

이제, 당신의 하루도

'구조 조정'이 필요하다

'시간 리스트럭처링'으로 시간을 만들어 내는 방법

자본이 없는 자에게는 시간이 무기이고 자원이다

수천 명, 수만 명을 감원했다는 기업의 정리 해고에 대한 뉴스가 연일 보도되고 있다. 중소기업의 얘기가 아니다. 일찍이 모두가 동경하던 금융기관이나 대기업들이 거침없이 엘리트들을 잘라 버리는 시대가 된 것이다.

지금까지 일본 기업은 종신 고용을 당연시해 왔다. 거기에서 일하는 사람들은 한번 입사하면 정년까지 안정된 수입이 보장되고, 나아가서는 관련 회사로의 재취업이나 고액의 퇴직금과 연금도 기대할 수 있었다. 입사와 더불어 인생을 회사에 맡겨 두면 만사가 편안했던 것이다.

하지만 지금은 옛날 얘기. 자기의 인생은 스스로 열어 나가지 않으면 안 되게 되었다. 설령 정년까지 근무했다고 하더라도 그것은 결과적으로 그랬다는 것에 지나지 않으며, 언제 정리 해고의 대상이 될지 모르므로 누구나 마음의 준비만은 해 두어야 할 필요가 있다는 얘기다. '회사가 있고 내가 있다'가 아니라 '회사 이전에 내가 있다'로 발상을 바꾸지 않으면 안 된다.

경제 거품이 사라진 지 10년, '회사의 발전이 나를 풍요롭게 해 준다'라는 가치관이 흔들린 것은 전후 일본인에게 있어서 가장 큰 변화가 아니었을까?

이것은 자신의 인생 설계를 되돌아볼 계기와 시기를 동시에 제공한 듯싶다. 인생 약 80년, 무엇을 위해서 살아가며 또 자신이 하고 싶은 것은 무엇인가.

지금까지는 인생의 절반에 해당하는 40년 가까이 한 회사에서 일하며 과장에서 부장, 잘하면 중역으로 오르는 것이 자기 실현의 길이라고 생각해 왔다. 그러나 지금, 그것만을 인생의 성공이라고 생각한다면 그런 '출세가도'를 달리는 사람은 극히 일부분에 지나지 않을 것이다.

처음부터 '그렇게 사는 것이 과연 진정한 자기 실현의 길일까?'라는 의문을 갖는 사람들도 늘고 있다. 회사 전체가 부산하게 움직이고 승승장구할 때는 그 구심점에서 톱니바퀴 역할을 하고 있는 자신이 자랑스러웠을지도 모른다. 게다가 열심히 일하면 급료도 오르고 보너스도 늘기 때문에 원하는 것을 사는 것으로 만족감을 얻을 수도 있었다. 그러나 이제는 수입이 다른 사람보다 월등히 많아지길 기대하기란 힘들다. 신입 사원의 70%가 정년까지 회사에 남아 있지 않을 것이라고 예측하는 시대가 도래한 것이다.

인생 80년, 그 제한된 시간 속에서 내가 하고 싶은 것은 무엇인가. 회사에 인생을 맡기는 것이 아니라 자신의 손으로 연필을 잡고 하얀 캔버스에 데생을 해보는 것이다. 그리고 그때, 시간이 무기이고 자원이라는 사실에 새삼 눈뜨게 될 것이다. 회사에 구속되어 퇴근 시간만 기다리는 사람일지라도 자신이 무엇인가를 할 수 있는 시간이 아주 짧으며, 그래서 더욱 귀중한 것이 시간이라는 사실을 통감할 것이다.

'모래시계'의 속도는 무서울 정도로 빠르다

나는 현재 43세이다. 도대체 몇 살까지 살 수 있을까라는 생각을 해 봤다. 다행히도 큰 병은 없지만 매일같이 비행기나 신칸센을 타고 돌아다니기 때문에 사고를 당할 확률은 다른 사람보다 높을 것이다. 일본인의 평균 수명은 남성 77.16세, 여성 84.01세(1998년 통계 자료)로, 80세까지 사는 사람은 남성 2명당 1명, 여성 4명당 3명 꼴이다.

예를 들어 내가 운 좋게 80세까지 살 수 있다고 해도 이미 마라톤 경기에서 반환점을 지나쳐 버린 셈이다.

문득 이런 계산을 해 봤다. 앞으로 밥을 몇 번이나 먹을 수 있을지. 하루 세 끼, 1년에 1,095번, 80세까지 산다고 하면 여기에 36년을 곱해서 대략 4만 번 가까이 된다.

여태껏 먹은 밥그릇 수와 비교했을 때, '앞으로 4만 번 밖에 없네'라고 생각하니 대단히 귀중하다는 생각이 들었다. 여하튼 1개월에 90번씩 줄어드는 것이니 '인생의 모래시계'의 속도는 생각보다 빠름을 알 수 있다. 더군다나 애당초 1일 3식이라고 해도 아침에는 허둥지둥 빵을 물고 뛰쳐나가기 때문에 그것을 한 번이라고

★★ 평생 동안 당신은 몇 번이나 식사를 할 수 있는가?

계산하는 것은 왠지 아까운 생각이 든다. 가족과 함께 식사하는 것은 하루에 한 번쯤인 사람도 많을 것이고, 나처럼 1년에 200일 이상 출장을 다녀야 하는 처지에서는 가족과 함께 밥을 먹는 횟수가 1년에 채 100번도 안 된다. 그렇게 생각하면 인생에서 남은 시간이 그리 길지 않으며 절대 허투루 낭비할 수 없음을 실감하게 된다.

예전에 나는 전국에 지점을 갖춘 큰 기업에서 일을 한 적이 있는데, 그때 나는 전국 방방곡곡으로 전근을 다녔다. 선배 중에는 '전근 생활 20년'을 대단한 자랑거리로 생각하는 사람도 있었다.

그렇다면 과연 그 선배는 정말로 후회 없는 인생을 살았다고 말할 수 있을까?

일단 전근을 가게 되면 그 동안 살았던 곳을 떠나 또다시 낯선 곳에 적응을 해야 한다. 그 지역에서 멀어질 뿐만 아니라 추억도 함께 희미해진다. 아마도 과거에 살았던 곳에 대한 향수병이 생길지도 모른다.

자신의 의지가 아니라 상부의 지령에 의해 인생의 귀중한 시간을 보냈던 터전과 결별해야 하다니……. 더군다나 급료를 받고 있는 본인뿐만 아니라 가족까지도 거기에 동행해야 한다. 그것이 싫다면 가족과 떨어져 혼자서 갈 수밖에 없다. 그러한 희생을 감수 하지만 결국 회사가 평생을 돌봐 주는 것도 아니고, 업적이 나빠지면 정리 해고라는 명목으로 내쫓기게 되는 것이다.

내가 회사를 그만두고 독립하고자 생각한 이유 중의 하나가 바로 이것이다. 그리 길지 않은 인생의 소중한 시간을 급료와 맞바꾸기 싫었던 것이다. 회사에 출근하여 정해진 시간 동안 열심히 일한다. 이것은 납득할 수 있다. 그러나 본인이 살고 싶지도 않은 곳으로 배속되어, 본인의 취향을 무시한 사택에 넣어진다. 이것은 도저히 납득할 수 없었던 것이다.

그럼에도 불구하고 모든 것을 희생한 채 회사를 위해 인생을 바친다면 과연 그 인생이 의미 있었다고 단언할 수 있을까? 많은 샐러리맨이 퇴직을 앞두고 하는 말이 있다. 인생이란 회사에 바치는 것이 아니라 자기 자신의 것이라고.

큰 그림이 있어야 방법이 나온다

샐러리맨의 인생이 모두 부정적인 것은 아니다. 중요한 것은 회사에 인생을 통째로 맡기는 것이 아니라 '얼마나 주체성을 갖고 사느냐' 이다.

제한된 인생, 그 동안 무엇을 하고 싶은가? 혹시 자신에게 이러한 질문을 던져 보는 것이 처음은 아닌가?

이를 위해서 50대에는 무엇을 할 것인가, 40대에는, 30대에는, 20대에는……. 이러한 생각을 해 나가는 것이다. 인생의 장기 계획을 달성하기 위한 10년마다의 중기 계획을 세워 보자. 중요한 것은, 오늘 하루를 쓸데없이 보내지 않기 위하여 인생에서 오늘이 어떤 의미를 지니는지를 파악하는 것이다. 큰 계획이 있어야만 세부적인 계획도 정해진다. 30대에 무엇을 해두어야 하는가를 알아야만 31세의 1년 간 목표도 정해지고, 이번 달 그리고 이번 주, 나아가서는 오늘을 보내는 방법도 정해지지 않을까 싶다.

어릴 적 나는 소설가가 되고 싶었다. 그러나 이것은 자격증을 따면 되는 직업이 아니다. 아마도 일본 내에서 글만 써서 먹고 사는 사람은 극히 소수에 불과할 것이다. 출판사에서 주최하는 공모전에서 신인상을 수상하는 것이 등용문이라고 알려져 있지만, 그 때까지 아무 수입도 없이 글만 쓸 수도 없는 노릇이다.

그래서 우선 매스컴 관련 기업에 입사해서 저널리스트로서 취재 훈련을 쌓는 길을 선택했다. 소설가가 되려면 문장력은 물론이고 취재 능력도 필요하다고 생각했기 때문에, 샐러리맨으로서 급료를 받으면서 폭넓은 테마로 취재도 하고 그 능력을 키움과 동시에 인맥도 넓힌다는 전략을 세운 것이다.

따라서 샐러리맨 생활은 인생의 목표를 달성하기 위한 하나의 과정이라고 생각했다. 50세에 소설가로서 스스로 일어서도록 하자. 이를 위해 40세까지 독립, 40대 10년 동안에 경제적 기반을 다지고, 그때까지 익힌 취재 능력을 바탕으로 소설을 구상하고 연마한다는 계획이다. 현재 나의 장기 계획은 반 정도 진행되고 있다.

최초에 장기 계획을 세운 것은 학생 시절이었다. 조금씩 수정하여 오늘에 이르렀지만 40세에 샐러리맨 생활을 접는다는 제1목표는 39세 8개월에 내 회사를 시작함으로써 어느 정도 이룬 셈이다. 최종적으로 계획이 달성될지의 여부는 지금부터의 노력에 달려 있다고 생각하지만, 적어도 지금까지 나를 지탱해 준 것은 어떻게든 꿈을 실현시키고자 하는 장기 계획이었음엔 틀림없다.

상을 받으면 일약 스타로 떠오르지만 그렇지 않으면 파멸이라는 생각은 계획적이라고 할 수 없다. 물론 꿈은 실현하고 싶지만 가족을 책임져야 하는 입장에서 그것만 고집할 수는 없다. 나의 꿈 때문에 다른 가족들에게 희생을 강요할 수 없는 것이다. 경제적인 기반을 만들면서 착실하게 꿈을 향해 한발 한발 나아가는 것이야말로 의미가 있다고 생각한다.

'시간 리스트럭처링'이란 무엇인가?

편의점은 평균 30평 남짓한 넓이에 3천여 개 품목의 상품을 진열하고 있다. POS(판매 시점 관리)에 의해 팔리는 것으로만 상품 구성을 하여 팔리지 않는 상품을 가장 효율적으로 관리하는 것이 특징이다.

'시간 리스트럭처링'도 발상은 이것과 마찬가지다.

리스트럭처링이란 '재구축'이다. 어떻게 하면 제한된 자원을 효율적으로 배분하면서 최대의 이익을 얻을 수 있을 것인가라는 의미이다. 리스트럭처링이라고 하면 흔히 인원 삭감을 연상하지만 이것은 바람직하지 않은 방법이다. 능력을 충분히 발휘하지 못하는 사람을 재배치함으로써 자신의 잠재력을 발굴하게 하는 것이야말로 진정한 리스트럭처링인 것이다.

인생의 큰 목표가 명확해지면 목표를 향해 어떻게 접근할 것인가를 계획하고 시간을 효율적으로 안배하도록 리스트럭처링을 할 필요가 있다.

우선, 자신이 어떤 일상을 살고 있는지를 써 본다.

아침에 일어나서 잠자리에 들 때까지 무엇을 했는지 하나도 빠짐없이 써 보는 것이다. 평소에 아무 생각 없이 하는 것도 종이에 써 봄으로써 의식 속에 둘 수 있게 된다. 이것으로 됐다.

★★ 시간 리스트럭처링의 첫발은 자신의 하루를 그려 보는 것에서부터

　그러나 희한하게도, 이 사소한 행동 하나만으로도 쓸데없는 일은 하지 않게 된다. 처음부터 과도한 규율을 정해 놓으면 계속 유지하지 못하는 반면에 쓸모 없어 보이는 일이라도 반복하다 보면 어떤 효과를 보게 돼 지속하는 경우도 있다. 따라서 변명을 하지 않고 24시간을 충분히 활용하는 스케줄 관리를 한다면 '노는 시간'을 줄일 수 있다.

　중요한 것은 '노는 시간'을 포함해서 하루 24시간을 손안에 두는 것이다. '노는 시간'을 적당히 조절, 관리하여 그 시간이 더 이상 늘어나지 않도록 하는 것이다. 예를 들면 매일 2시간씩 야간 경기 중계를 본다고 하자. 밤에 귀가해서 무의식적으로 TV의 채널을 돌리고 있는 자신의 모습을 발견할 수 있다. 무의식 중에 일어나는 일이므로 그것이 좋은지 나쁜지 아무 생각이 없다. 이것을 매일 기록해 보자.

아침에 일어나서 매시간 매분 단위로 정신없이 움직이는 것에 비해, 밤에 집으로 돌아와서는 2시간 동안 야간 경기 중계를 시청하며 의식과 행동이 멈춰 버린다. 하루 24시간을 모눈종이에 기록해 보면 그 2시간의 크기가 상당히 눈에 띌 것이다. 예를 들어 6시간의 수면 시간을 제외하고 18시간 깨어 있다고 가정했을 때 2시간은 9분의 1에 해당한다. 월급이 50만 엔인 사람의 실제 근무일이 한 달에 25일이라면 일급은 2만 엔이 되고, 이것을 근무 시간인 7시간으로 나누면 시급 3천 엔 정도. 즉, 6천 엔 가까이 벌 수 있는 시간을 야간 경기 중계에 몰두해 있는 셈이 된다. 그것도 시즌 중에는 일주일에 5일이나 야간 경기 중계가 있으니…….

매일 이것을 기록해 둔다. 그래도 유일한 오락이니까 괜찮지 않느냐라고 생각한다면 그것도 좋다. 그 2시간이 어떤 의미를 갖는지 의식하고 있는 한 알게 모르게 시청 시간을 줄이게 될 테니까.

써 버린 시간과 돈은 반드시 기록하라

지금부터 이후의 예상표를 만들어도 지킬 수 없다고 한다면, 우선 이미 끝낸 행동 기록표를 만드는 것에서부터 시작하자라는 것이 앞항의 제안이다.

야간 경기 중계는 시간이 아깝기 때문에 보지 말라고 하는 것이 아니다. 하루의 시간 사용량 중에서 얼마나 많은 비중을 차지하는가를 표에 기록함으로써 자연스럽게 '아깝다' 라는 기분이 들면 되는 것이다.

나는 돈도 같은 방법으로 절약하고 있다. 노트 왼쪽에 날짜를 적는다. 그리고 옆칸에 오늘 하루에 쓴 돈을 적어 가는 것이다. 이 노트 한 페이지가 1개월의 가계부가 된다. 하루에 1줄씩 이곳에 교통비, 도서 구입비, 식사비, 접대비 등을 써 내려간다. 하루의 경비를 1줄에 적어야 하기 때문에 줄이 꽉찰 것 같으면 글자를 작게 쓰게 된다. 그럼에도 불구하고 더 이상 쓸 수 없을 정도가 되면 자연히 '오늘은 지출이 너무 많았구나' 라고 노란 신호가 뇌리에 깜박인다. 매일 써 내려가기 때문에 1개월이 되면 자신의 소비 패턴을 한눈에 볼 수 있다. 싫어도 보게 되어 그간의 낭비를 의식하게 되고, 더불어 자제하고자 하는 의식을 갖게 되는 것이다. '아깝다' 라는 의식을 자연스럽게 일으키는 것이 중요하다. 그러면 의미가 없는 것은 자연스럽게 그만두기 때문에 시간 리스트럭처링이 가능하다.

나는 원고를 쓰는 일이 쌓이면 호텔에 방을 얻어 한 번에 끝내고는 한다. 호텔의 방이라면 외부로부터 단절되어 일에 집중할 수 있는 장점이 있지만, 그것과 더불어 돈을 지불하고 숙박한다는, 즉 시간을 돈으로 샀다는 의식을 갖고 좀더 열심히 일하려는 자세를

★★ (노트 가계부)로 돈을 절약

1페이지의 노트에 사용한 돈을 기입한다.

```
1(토) JR선 210엔·신문 140엔·주간지 300엔·점심 950
2(일) 신문 140엔
                                          주간지 300엔
3(월) JR선 290엔·신문 140엔·택시 1,200엔·점심 850엔·
4(화) JR선 210엔·신문 270엔·책 1,500엔·JR선 210
5(수) JR선 210엔·신문 140엔·점심 800엔·JR선 210
6(목) 택시 880엔·점심 1,000엔·지하철 190엔·잡지 300·
                                  책 3,200·커피 600
7(금) JR선 210엔·신문 270엔·잡지 550·점심 950·JR 210
8(토) 택시 1,260엔·신문 140엔·점심 950엔
```

- 노트 한 줄이 꽉차게 되면 지출이 많았다는 경고가 된다.
- 이 한 장의 노트를 두 번 접어 지갑에 넣어 다니면서 돈을 쓸 때마다 기입한다.

끌어내기 위해서이다.

'3만 엔의 호텔비를 내고 내일 아침까지 10시간 동안 원고를 쓴다.'라고 스스로에게 말하는 것이다. 1시간에 3천 엔의 비용을 낸 것이기 때문에 여유 있게 있을 수만은 없다고 자연스럽게 마음을 다지게 된다. 다른 사람의 돈으로 일류 호텔에 숙박했을 때는 들지 않던 생각이 이 경우에는 새삼스럽게 다가온다.

의식하지 않으면, 시간은 무한하게 있다는 착각을 하게 된다. 그러나 분명 시간은 한정되어 있고 자연히 비용이 발생하는 것이다.

나의 경우는 그것을 스스로에게 의식시키는 약으로서 호텔의 청구서가 유효한 것이다. 샐러리맨이라면 연봉을 나누어 자신의 시급을 계산해서 그것을 메모지에 써서 지갑 속에 넣어 두거나 수첩의 첫 페이지에 써 두는 것이 좋은 방법이다. 당신의 1시간이 얼마나 귀중한 것인가를 자각하는 것이 첫 번째이다.

러시아워를 피해 죽은 시간을 살린다

최근 수도권 등 대도시권에서는 도심부에 맨션 한 채 구입하려는 욕구가 높아지고 있다. 예전에는 교외에 집 한 채를 사는 것이 샐러리맨의 최대 희망이었지만 도심에 위치한 맨션의 가격이 하락하는 등 여러 이유에서 통근이 편한 '직주 접근'을 선택하는 사람이 늘고 있는 것이다.

　하루의 행동 기록을 써 보면 통근에 얼마나 많은 시간을 빼앗기는지를 알 수 있다. 수도권에서 사는 샐러리맨의 평균 통근 시간은 편도 1시간, 왕복 2시간이다. 1년에 250일을 근무한다고 하면 500시간이고, 샐러리맨 인생이 40년이라면 2만 시간이다. 2만 시간! 길거리에서 흘려 보내기에는 상당히 아까운 시간이다.

　나는 샐러리맨 시절에 지방 도시로 전근 발령을 받아 근무한 적이 있다. 앞에서도 말했듯이 자신이 원하는 지역도 아닌 곳으로 명령에 따라 옮겨 가게 된 것이 불합리하다고 생각했지만 통근 시간이 차로 불과 5분밖에 안 된다는 것은 매력적이었다. 편도로 1시간 이상이나 걸린다는 고민은 대도시 주변에 사는 사람의 이야기이고, 일본 전체를 생각한다면 여유 있게 통근을 하고 있는 사람도 실제로는 많다.

　그 당시 나는 근무가 끝나면 동료와 식사를 하거나 영어 회화를 배우는 등 즐거운 시간을 보냈다. 또한 출근 전에 수영장에 들러 간단히 수영을 하고, 점심 시간에 짬을 내어 다시 수영을 하고, 일이 끝난 뒤 다시 한 번 수영장에 갔다. 이렇게 하루에 3번이나 수영장에 들르는 경우가 많았다. 통근 지옥이었던 수도권 생활에 비하면 천국이나 다름없었다.

　'천국'을 알면 '지옥'을 개선할 방법을 찾게 된다. '직주 접근'의 맨션을 살 수 없다면, 적어도 숨막히는 공간에서 어떻게든 해방되기 위해서는 '죽어 있는 시간'을 '살아 있는 시간'으로 바꿔야 한다. 급행열차를 포기하고 확실히 앉을 수 있는 완행전차에 타는 것도 한 방법일 것이다.

나는 샐러리맨 시절에 일찍 일어나고 일찍 자는 습관을 들여 러시아워가 되기 전에 전차를 타는 것으로 문제를 해결하려고 생각했다. '죽어 있는 시간'을 배제하기 위해서 생활 전체를 바꾸고자 했던 것이다. 될 수 있는 한 빨리 자고 기상은 5시. 6시 전에 전차를 타면 편안히 앉을 수 있었다. 회사 근처의 패스트푸드점에서 모닝 세트를 먹거나 사무실에 가장 먼저 도착해서 조간 신문을 모두 읽곤 했다. 그리고 여유를 갖고 누구보다도 먼저 하루를 시작했다.

전차가 붐비지 않으니 차 안에서의 시간도 유효하게 사용할 수 있고, 이른 시간이라 사무실을 혼자 독점해서 일을 할 수도 있다. 물론 전차가 늦어서 지각할 염려도 없다. 통근으로 파김치가 되어 이미 체력을 다 소모해 버린 상태에서 회사에서의 일과를 시작하는 것에 비하면 상당히 충실했었다고 생각한다.

잡다한 시간은 구조 조정 1순위

요리, 세탁, 청소, 장보기······.

당신이 남성인지 여성인지, 독신인지 기혼인지에 따라 이러한 가사 노동 시간에 상당한 차이가 있다.

가사 그 자체가 즐겁거나 요리가 취미인 사람은 별 문제가 없다. 그 자체가 목적이 되기 때문에 천천히 즐기면서 시간을 보내면 된다. 그러나 그와는 반대로 자기가 하고 싶은 일이 따로 있고, 자기 개발이나 취미 등에 투자할 만한 자유로운 시간을 확보하고 싶은 사람도 많을 것이다.

하루 24시간 중에서 이러한 잡다한 시간으로 보내는 시간을 기록해 봄으로 해서 대응책을 찾을 수 있다. 대부분의 사람들은 타성에 젖어 가사나 잡다한 일로 시간을 흘려 보내곤 한다. 타성인 이상 효율적이지 않을 게 분명하고, 시간 리스트럭처링의 관점에서 생각하면 정리의 대상도 많을 것이다.

예를 들면, 청소나 세탁을 매일 8시 45분부터 10시 15분까지 한다는 등 세밀하게 시간표를 짜고 그대로 진행하는 주부는 아마 거의 없을 것이다. 기껏해야 '점심때까지' 정도로 대충 시간 분배를 하는 경우가 보통이다. 주부는 그것에 대한 대가로 돈을 받는 것이 아니기 때문에 이 정도의 시간 관념으로도 아무 문제가 없다.

그러나 같은 일을 '가사 대행'을 해 주는 업체에서 수주 받았다면 그렇게 할 수 없다. 그들이 하는 일은 시간당으로 계산되기 때문에 정해진 시간 안에 일을 끝내야 한다. 그것도 일의 내용이 나쁘면 두 번 다시 부탁 받을 수 없는 것이다.

종이에 기록해 보면 하루 중에서 잡다하게 낭비되는 시간이 꽤 많다는 것을 한눈에 파악할 수 있을 것이다. 그것을 어떻게, 얼마나 줄일 수 있을까 지혜를 짜 보자. 하지 않아도 되는 일은 없는지, 다른 사람에게 맡길 수 있는 일은 없는지, 몰아서 한 번에 할 수 있는 일은 없는지…….

'잡다한 시간'은 너무 사소하게 여겨져 신경 쓰지 않았던 만큼, 지금까지 이렇게 정면에서 대책을 생각한 적은 없었을지도 모른다. 그러나 이 '잡다한 시간'을 정리하지 않는 이상 시간 리스트럭처링은 성공할 수 없다.

마츠시타 전기의 최근 히트 상품 중에는 충전식 간이 청소기가 있다. 개발 담당자가 소비자 조사를 한 결과 청소기를 주말에만 사용하는 가정이 많다는 것을 알게 되었다. 그리고 외출도 잦고 일상이 바쁘기 때문에 무거운 청소기 대신에 약품 처리가 된 걸레로 간단히 먼지만 닦는 가정도 많았다. 여기에 착안해 간이 청소기를 개발하게 되었다고 한다. 청소 하나도 '시간 리스트럭처링'의 대상이 되고 있음을 이 일화를 통해 알 수 있다.

간편한 방법을 동원해서 꼭 필요한 일을 위한 시간을 절약하는 것도 시간 리스트럭처링의 목적이다.

'의무적 시간'도 플러스 발상으로 전환하라

나는 기혼 남성이고 평소 집에 오래 있는 것도 아니기 때문에 집안일을 많이 하고 있다고는 할 수 없다. 그래도 차로 가야만 하는 쇼핑, 쓰레기 버리기, 내 방 정리나 계절에 따른 의복의 정리 정도는 하고 있다.

'휴일에 아내의 성화에 못 이겨 쇼핑에 끌려갔다'고 표현하는 남편들을 자주 본다. 그러나 이 '의무적 시간'도 플러스 발상으로 전환시켜 활용하면 의미가 있지 않을까.

나의 일은 마케팅에 관한 취재 활동이기 때문에, 다른 남편들처럼 아내에게 이끌려 할 수 없이 시장에 간다는 생각보다는 시장 조사를 위해 나간다는 적극적인 사고를 한다. 즉, 같은 일을 해도 생각하기 나름인 것이다. 야채 가격의 변동은 어떻게 되는가, 젊은 이들 사이에서 유행하는 음악은 어떤 것인가, 시식 캠페인의 효과는 얼마나 되는가, 히트 상품의 판매 실적은……. 장을 보면서 이러한 테마로 시장의 진열장을 돌아보는 것이 나에게는 중요한 '공부'가 된다.

할 수 없이 했을 뿐이라고 무의미하게 보내는 시간과 문제 의식을 갖고 보내는 시간은 같은 일을 하고 있어도 전혀 의미가 달라질 것이다.

어떻게 보면 이 일은 가사의 잡다한 일부분에 지나지 않는다. 그러나 생각해 보면 회사의 일이라는 것이 대부분 잡다한 시간의 연속이 아닐까? 전화를 걸고, 메일을 보내고, 기획서를 작성하고, 서류를 검토하고, 회의에 참석하고, 거래처에 가고……. 하나하나 잡다한 것들이 쌓여 하루가 이루어진다.

항상 홈런을 날릴 수는 없다. 번트를 대거나 평범한 땅볼을 잡아서 주자를 아웃시키는 기술을 쌓아 가는 것이 중요한 것이다. 평소 사소한 일에서 신뢰를 얻어야만 발탁의 기회를 얻어 큰 무대에 설 수 있다. 실적도 없는 사람이 큰소리를 쳐 봐야 상대해 주는 사람은 없다.

실력이 있는 사람이란 우선 일상 업무를 확실히 파악하고 거기에 플러스 알파의 어떤 가치를 붙일 수 있는 사람을 말한다. 다른 사람보다 정확하면서도 빠르게 할 수 있어야만 한치 앞선 일에 도전할 여유도 생기는 것이다. 일상 업무를 잘할 수 없다면 얘깃거리도 되지 않는다.

당신은 잡다한 시간의 연속이라고 할 수 있는 일상 업무를 간단하면서도 확실하게 처리할 수 있는가? 이것이 포인트다.

이를 위해서도 시간 리스트럭처링을 빼놓을 수 없다.

나는 13년 동안 '시간이 없다'고 불평했다

나는 어릴 적부터 작가가 되는 게 꿈이었다. 매년 새로운 수첩의 첫 페이지에 '올해는 반드시 책 한 권을 쓰겠다'고 목표를 적어 왔지만 13년 간 이루지 못했다. 왜 쓸 수 없었나? 변명은 항상 '시간이 없다'는 것이었다.

방송국에서 취재 활동을 해 왔기 때문에 쓰고 싶은 테마가 몇 가지 있었다. 그러나 그것은 TV 프로그램을 제작하기 위한 일이라서, 대본을 만드는 일은 있었어도 한 권의 책으로서 정리하는 것은 본래의 목적이 아니었다. TV 프로그램을 방송해 버리면 겨우 한숨을 돌린다. 그러나 다음날부터 또다시 프로그램 제작을 위해 다시 일해야 하기 때문에 결국 활자로 정리할 여유가 없었던 것이다.

어느 날 나의 뇌리에 이런 발상이 스쳤다. '잠깐, 뭐가 문제인가? 이대로 시간이 날 때 책을 쓰겠다고 미루다 보면 결국 정년 때까지 책을 못 내게 될지도 모른다. 저명한 인사가 아닌 이상 늙고 평범한 샐러리맨의 책을 누가 읽어 준단 말인가. 아마 내 마누라도 읽어 주지 않을걸. 하물며 너도나도 바쁜 이 시대에 돈을 들여서까지 책을 사서 읽어 줄 사람이 누구란 말인가?'

이것은 나에게 있어서 코페르니쿠스적 전환이 되었다. 바쁘기 때문에 정보도 모인다. 그리고 그 정보를 원하는 사람이 있기 때문에 책으로 낼 의미도 있는 것이다.

즉, 바쁠 때야말로 책을 써야 한다는 것이 된다. 이 당연한 이치를 깨닫는 데 13년이 걸렸다. 회사원이 되고 14년째. 드디어 한 권의 책을 썼다. 그러고는 스스로 놀라움을 감출 수 없었다. 그리고 그 다음해 3권, 이후에도 매년 10권 가까이 출판해서 오늘날에 이르렀다. 평균 1달에 1권 정도이다.

기타 잡지에 연재나 기고 등으로 원고를 1달에 15개 가까이 쓰고 있고, 최근 2~3년 사이에는 집이나 사무실의 책상에 앉아 있는 시간이 전혀 없을 정도로 전국을 돌아다니고 있음에도 불구하고 여전히 이 정도 분량의 원고를 쓰고 있다. 13년 간 1권의 책도 쓸 수 없었던 사람이 말이다.

'바쁘기 때문에 쓸 수 없다'가 아니라 '바쁘기 때문에 쓰고 싶은 재료나 경험이 많아진다'고 지금은 확신을 갖고 말할 수 있다. 요점은 마음먹기에 달렸다. 바쁘다는 것을 핑계로 삼고 있는 한 아무리 시간이 지나도 장애물을 뛰어넘을 수는 없을 것이다.

나의 경우는 책을 쓴다는 것이 목표였지만 이 외에 다른 많은 경우에도 적용할 수 있지 않을까 싶다. '시간이 없다'라는 전제 대신 그것에 어떻게 맞서 나갈 것인가를 생각하는 것이 무엇보다 중요하다.

포스트잇은 시간 리스트럭처링의 일등 공신

나는 노트 크기의 대형 수첩을 어디든 들고 다닌다. 이 수첩은 대학에 다닐 때부터 20년 이상 매년 새로 사서 지니고 다니는 것이다.

'바쁠 때야말로 책을 쓰기에 가장 적당한 때'임을 실감하고 난 뒤 그 이후 변화를 위해 어떤 노력을 했는지 구체적으로 기록하기 위해서이다. 목적을 위해 수첩에 직접 예정을 써넣는 것이 아니라 포스트잇 한 장에 해야 할 것을 1항목씩 적어 이 수첩에 붙여 나가는 것이었다. 나는 가로 2.5cm, 세로 7.5cm 크기의 포스트잇을 항상 셔츠 주머니에 넣고 다니면서 해야 할 것이 생각나면 1항목씩 적어서 수첩에 붙였다. 굳이 셔츠 주머니에 넣고 다닌 이유는 회의 중이거나 전차 안이거나 혹은 화장실 안에서라도 생각이 떠오르면 바로 메모를 하기 위해서였다.

이 포스트잇 한장 한장이 '해야 할 일 리스트'가 된다. 아무리 작은 것이라도 흘리지 않고 써넣기 때문에 이 수첩을 보면 해야 할 일을 잊는 것을 방지할 수 있다.

이 포스트잇의 사용법에도 나름대로의 노하우가 있다. 수첩의 가늠끈을 금주의 예정 페이지에 꽂아 펼쳤을 때 항상 일주일을 한 눈에 볼 수 있도록 한다.

우선 수첩 오른쪽 면의 가장 오른쪽 열에 '금주에 꼭 해야 할 일'을 위에서부터 우선 순위로 붙인다. 그 왼쪽 열에는 '오늘 꼭 해야 할 일'을 그리고 지금 바로 처리해야 하는 일은 수첩의 왼쪽 면에 붙인다. 이미 끝난 일은 포스트잇이 아니라 수첩에 직접 기입한다. 이것은 나중을 위한 기록용이다.

하나의 작업을 끝내면 한 장씩 포스트잇을 떼어 낸다. 전부 떼어 내면 일주일 동안 해야 할 일은 모두 완료한 것이다. 하지 못한 일은 다음 주의 페이지에 붙이면 된다.

예를 들면 사람을 기다리는 짧은 시간에라도 그 자리에서 바로 할 수 있는 것이 있다면 포스트잇의 일람표에서 찾아내서 순번을 무시하고 해 버린다. 아주 짧은 시간이라도 이 '해야 할 일 리스트'가 있으면 그냥 흘려 보내지 않을 수 있다.

** 포스트잇 때문에 수첩이 10배는 쏠쏠해진다.

포스트잇이 해야 할 일의 리스트가 된다.

● 이 숫자는 원고를 쓰기 위해 사용할 수 있는 시간. 이 주는 총 13시간

CEO의 다이어리엔 뭔가 비밀이 있다

잡지 원고 쓰기	책 목차 작성
요코다 씨에게 전화	여 권
오쿠라 Hotel 예약 전화	가방수리-꼭!
가와모토씨 FAX	NHK 사토우 씨 전화할 것
시스템 크리에이트 야마모토씨 전화	잡지 취재
NY에 전화할 것	이력서 작성 (강연회용)

★ 이 열은 오늘 중에 해야 할 일

★ 이 열은 이번 주 중에 해야 할 일

포스트잇을 끊임없이 붙이고 떼기를 반복한다. 1항목 1장씩인 '해야 할 일 리스트'를 융통성 있게 조절하여 최적의 우선 순위를 모색한다. 컴퓨터에 입력하고 출력하느라 시간과 에너지를 낭비할 필요가 없다. 수첩을 펼쳐 들고 메모한 다음 그대로 붙이는 이 방법이 절대적으로 효율적이다.

1장씩 작업을 마칠 때마다 떼어 내 버리기 때문에 목적한 일을 얼마나 달성했는지 알 수 있다. '바쁠 때야말로 책을 쓰기에 가장 적당한 때'임을 깨닫고 시간 리스트럭처링에 임하는 나름대로의 해답은 이 스케줄 관리였던 것이다.

제 2 장

당신의 시간 사용 방법은

무엇이 잘못되어 있는가?

초보자를 위한 니시무라 식 시간 관리술

스케줄 표를 만들고 자신의 행동 패턴을 파악하라

내가 근무했던 방송국이란 데는 시간을 파는 전형적인 곳이다. 하루의 방송 시간에 값을 매겨 팔고 있다. 시청률이 높은 시간대는 비싸게 팔린다. 상품인 프로그램을 나열한 일주일 동안의 방송 시간표는 방송국의 영업자들에게 있어서 빼놓을 수 없는 영업 무기이다. 그들은 스폰서에게 이 시간표를 보여 주면서 광고 세일즈를 한다.

이것과 마찬가지로 비즈니스맨의 무기는 '시간' 이다. 일주일 동안의 시간을 어떻게 보낼 것인가라는 시간표는 승패를 좌우하는 중요한 요소가 된다. 어떤 일에 얼마만큼의 시간을 할애할 것인가. 단지 흐르는 대로 또는 상사의 명령에 따라 시간을 보내는 것은 전략적이라고 말할 수 없다.

우선 평균적인 일상의 행동 패턴을 스케줄 표로 만들어 보자. 표로 만드는 이유는 타성에 흐르기 쉬운 생활을 규칙적이면서 쓸모 있는 것으로 하기 위해서이다.

큰 이벤트가 있는 날이나 마감에 쫓기는 날은 1분 1초가 소중하다. 그래서 어떤 일에든 집중하게 마련이다. 그러나 그렇게 집중력이 좋은 사람도 일상에서 아무 생각 없이 하루를 보내 버리는 때가 비일비재하다.

특별한 날과 평범한 날, 어느 쪽이 많은지 따져 보면 당연히 평범한 날이 많다. 그렇기 때문에 시간의 달인이 되기 위해서는 평범한 날을 얼마나 낭비하지 않고 충실하게 꾸리는가가 포인트가 될 것이다. 인생은 큰 승부를 해야 하는 날이 계속되는 것은 아니다. 평소에 후회 없는 생활을 하기 위해 얼마나 노력하는지가 인생의 성공과 실패를 결정짓는다고 생각한다. 평소부터 실력을 쌓아두면 시험 전에 당일치기를 할 필요가 없는 것과 마찬가지이다.

그렇다면 매일을 낭비 없이 보내기 위해서 어떻게 해야 될까?

나는 몇 가지 생활 패턴에 맞춘 스케줄 표를 만들어 두라고 권하고 싶다. 특히 샐러리맨이라면 대부분 매일 아침 같은 시간에 일어나 같은 전차를 타고 출근해서 회의나 거래처를 방문하는 등 업무상의 일정도 대부분 패턴화되었을 것이다. 업무를 마친 후의 행동에 대해서도 마찬가지이다. 곧바로 귀가하든가, 무엇인가 배우든가, 또는 동료와 한잔하는 등 선택의 폭이 정해져 있기 때문에 대부분 유형화할 수 있다고 생각한다.

제1장에서도 기술했듯이 우선 평소 자신이 어떤 행동을 하고 있는가 행동 기록을 만들어 보는 것으로 행동 패턴을 파악해 두면, 스케줄 표 만들기에 큰 도움이 될 것이다. 이때 낭비되는 행동이 많다고 느껴지면 스케줄 표 만들기의 단계에서 수정도 가능하다.

한가한 날일수록 스케줄 관리를 철저히 하라

스케줄 만들기에 앞서 몇 가지 패턴을 생각할 필요가 있다. 예를 들면 사무실에 출근하지 않아도 되는 날, 오전 중이나 오후에 외근이 있는 날, 또는 그 반대의 날, 하루 종일 외근하는 날 등이다. 또한 퇴근 후 집에 곧바로 귀가하는 날, 일을 보는 날 등의 유형으로 나눠 볼 수도 있다.

나의 경우는 출장 날을 패턴화하여 분류한다. 당일 출장, 숙박이 낀 출장, 일단 회사에 출근하여 업무 보고를 한 뒤 출발하는 출장 등. 그리고 공항을 이용하는 날, 신칸센을 이용하는 날 정도로까지 세세하게 나눠서 스케줄을 만든다. 공항이나 전차역으로 향하는 시간을 어떻게 활용할 것인지까지 계획하기 위해서이다.

물론 패턴에 따라 아무리 꼼꼼하게 스케줄을 짠다고 해도 실제로는 돌발적인 일이 끼여들어 예정대로 진행되지 않을 때가 다반사이다. 그래도 역시 스케줄 표는 만들어 둘 필요가 있다. 기본 생활 패턴이 정리되어 있지 않으면 생활이 흐트러졌을 때 수정하는 데 애를 먹기 때문이다.

'작심삼일' 이란 말이 생긴 것도 하루 이틀쯤은 스케줄대로 일이 진행되지만 3일째 정도가 되면 확률적으로 서서히 틀어지는 일들이 생기고 그것을 계기로 페이스가 흐트러져 결국에는 계획이 모두 수포로 돌아가는 경우가 많기 때문이 아닐까? 그리고 결국 제자리로 복귀하는 타이밍을 잃어버리게 되는 것이다.

사실 모든 일이 술술 진행된다면 계획 같은 것이 없이도 충실한 시간을 보낼 수 있을 것이다. 문제는, 잘되지 않을 때 평상시로 복귀하기 위한 시나리오로서 스케줄을 만들어 두어야 한다. 이른바 계획에서 어긋났을 때의 위기 관리 매뉴얼인 셈이다.

중요한 이벤트가 있거나 마감이 정해져 있다면 놀고 있을 여유가 없다. 자연히 성공을 향해 진취적으로 추진하기 때문에 최적의 효율로 일할 수 있다. 그렇지만 평범한 날에는 당면한 목적이

★★ 휴식 시간을 포함해서 스케줄을 손안에 둔다.

없기 때문에 긴장감이 떨어지기 쉽다. 시간이 무한히 있는 것처럼 착각해서 작업 효율도 떨어지기 십상이다. 1시간에 할 수 있는 일을 2시간에 한다거나 잠깐 틈나는 시간에도 무엇인가를 하려는 마음의 준비가 없이 망연히 보낼 것이다. 그 시간에 대해서는 '아깝다'라는 의식마저 생기지 않는다. 이러한 사람들은 대부분 마감 시간이 임박해지면 시간이 없었다는 변명을 입에 달고 산다.

멍하니 있는 시간, 휴식을 위한 시간도 좋지만 그 시간이야말로 적극적으로 활용할 수 있는 중요한 시간이다. 스케줄이 꽉 짜인 시간은 오히려 활용하기 어렵다. 휴식 시간까지 포함해서 하루 24시간을 얼마나 손안에 꽉 쥐고 있느냐 하는 것이 진정한 시간 관리일 것이다.

3분 동안에도 이만한 일들을 할 수 있다

스케줄을 짤 때 빼놓을 수 없는 포인트는 그것이 현실적인 계획이어야 한다는 것이다. 처음부터 실현 불가능한 계획을 세운다면 오래가지 않을 게 분명하고 그렇다면 아무 의미가 없다.

'목표'와 '계획'은 엄연히 다르다. 평소에는 애매하게 이해하고 있는 생활 속의 시간을 측정해 보는 것도 스케줄을 작성하는 데 있어서 중요하다.

예를 들면 아침에 일어나서 화장실, 세면, 면도(여성이라면 화장), 식사, 옷 입기 등에 몇 분이 걸리는지 알아 두는 것이다. 나아가서 버스를 기다리는 시간과 승차 시간, 전차를 기다리는 시간과 승차 시간, 엽서 1장을 쓰는 시간, 신문이나 잡지를 읽는 시간, 메일을 체크하는 시간 등 각각 몇 분 정도가 걸리는 일들인지 한번씩 보는 것으로 일상 생활을 다시 검증해 본다. 하루는 24시간으로 정해져 있기 때문에 이 시간이 파악되어 있지 않다면 스케줄에 틈이 생기기 쉽다. 그리고 만일 예정이 틀어진 경우 바로 다른 작업으로 대치하기에는 이미 늦은 것이다.

예를 들면 3분이라는 시간이 남았다고 하자. 전차를 타고 한 정거장을 갈 수 있는 3분, 약속 시간보다 일찍 도착해 버린 호텔 로비에서의 3분, 10시 개점인 가게에 9시 57분에 도착한 3분, 분식점에서 주문을 하고 음식이 나올 때까지의 3분……

이러한 3분은 일상의 곳곳에서 찾아볼 수 있다. '티끌 모아 태산'이라고, 쌓이고 쌓이면 실로 태산이 되는 이 3분을 어떻게 쓸 것인가? 마음의 준비가 되어 있지 않기 때문에 낭비하고 있지는 않은가?

나의 경우 3분에 할 수 있는 일은 엽서 1장을 쓰거나, 조간신문의 1면을 보거나, 전화를 1통 하거나, 스케줄을 조정하거나, 서점에 들러 신간 코너를 둘러보거나, 편의점을 한바퀴 둘러보는 것 등이다. 또한 전차 안이라면 주변을 둘러보고 가장 흥미 있는 광고를 찾아내어 셔츠 주머니에 항상 들어 있는 포스트잇에 메모하는

★★ 3분의 자투리 시간이 있다면 나는 이런 일을 한다.

불과 3분이라도 티끌 모아 태산이 된다.

- 3분은 순식간에 지나가 버리기 때문에 사전에 어떻게 사용할 것인지 생각해 둘 필요가 있다.

등의 일이 대충 3분에 할 수 있는 일이다. 또한 '이것이다' 라고 생각한 잡지의 기사를 폴더에 스크랩해서 항상 가방 속에 넣고 다니다가 잠깐 생긴 3분 동안에 읽기도 한다.

　순식간에 지나쳐 버리는 3분을 확실하게 살리려고 생각한다면 항상 유효하게 쓸 준비를 하고 있지 않으면 안 될 것이다. 자신은 과연 3분 동안에 무엇을 할 수 있는지 측정해 둘 필요가 있지 않을까?

1시간을 55분과 5분으로 나누는 발상

신문에서 TV 프로그램 시간표를 보길 바란다. 드라마나 버라이어티 프로그램은 대부분 7시부터 8시 대에 방영되지만 정확히 1시간 동안이 아니라 56분 정도 방영된다. 그리고 이후의 4분 정도는 뉴스나 기상 예보, 미니 프로그램 등에 할애하는 경우가 많다. 이것을 업계 용어로는 스테이션 브레이크라고 부른다. 이 스테이션 브레이크는 전국 네트워크로 파는 경우도 있고 각 지방 방송국이 독자적으로 뉴스나 기상 예보를 내보내기 위해서 활용하는 경우도 많다.

이것은 NHK도 마찬가지이다. 프로그램과 프로그램 사이에 1분에서 3분 정도의 틈을 두어 다른 프로그램을 안내하거나 지방 방송국으로 전환하여 지역 정보를 넣고 있다. 요약하자면 시간을 잘라 파는 것이다. 1시간을 하나의 덩어리로 다루는 것보다도 56분과 4분 이렇게 2개로 나누어 파는 쪽이 스폰서 유치에도 유리하고 결과적으로 높은 가격에 팔리며 또한 제공하는 정보량도 늘어나 보다 많은 시청자를 확보할 수 있게 되는 것이다.

이것은 개인의 스케줄을 짤 때도 참고가 된다. 1시간을 통틀어 일을 하는 게 아니라 55분과 5분으로 나눠 2가지 일을 할 수 있다. 이것은 55분 일하고 5분 쉰다는 것과는 조금 다르다. 이 5분도 독립된 업무 시간으로서 의미를 두는 것이다. 가능한 한 55분의 일과 5분의 일은 질이 다른 것을 조합시키는 것이 바람직하다. 기분 전환이 되기 때문이다. 5분을 단지 휴식에만 둔다면 이 5분은 별 의미가 없지만, 어차피 해야 할 잡다한 일 중 한 가지를 이 5분에 준비해 둔다면 주된 일의 틈을 메워 나가기에 충분한 시간이 된다.

나는 책상에 앉아 하는 업무 중간중간에 출장 준비, 쓰레기 버리기, 청소 등 몸을 움직이는 작업을 넣어 이것을 통해 기분 전환을 하고 있다. 이를 위해서도 어떤 작업에 몇 분 정도의 시간이 걸리는지를 평소에 파악해 둘 필요가 있다.

지금 나는 잡지 등에 10개 정도의 글을 연재하고 있다. 이외에도 수시로 기고 의뢰가 있어서 매달 15개쯤의 단발 원고를 쓰고 있다. 시간과 정리가 필요한 단행본의 집필은 호텔에서 하고 이러한 잡지 원고는 모두 이동 중에 쓰기로 정해 두었다. 잡지의 원고라고 해도 1천 자에서부터 5천 자까지 분량의 차이가 크다. 따라서 매일의 스케줄을 확인한 뒤 신칸센이나 비행기를 1시간 탈 때는 이 원고, 3시간 탈 때는 저 원고 등 이동 시간에 맞춰 원고의 종류를 나눈다. 그리고 기본적으로는 한 번의 승차 중에 한 원고를 탈고할 수 있도록 계획을 세운다. 목적지 도착 시간이 마감 시간인 것이다.

대충의 작업 시간을 알고 있어야만 이러한 배분이 가능하다.

나의 시간당 노동 생산량은?

자동차 공장을 견학해 보면 전광 게시판에 오늘의 생산 대수가 표시되어 있는 것을 볼 수 있다. 컨베이어 시스템의 속도는 목표 생산 대수에 의해 정해진다.

일의 진행 방법도 이와 마찬가지로, 많은 일을 처리하려면 1시간의 업무량을 산출한 뒤 확보할 수 있는 시간에 곱셈을 하는 것이 가장 합리적일 것이다.

나의 수첩의 주간 스케줄 난에는 여기 저기에 ②나 ③ 등 연필로 숫자가 적혀 있다.(38쪽 참조) 여기에서 ②란 집필 시간을 2시간 확보할 수 있다는 기호이다. 그리고 일주일의 합계를 그 페이지의 가장 밑에 쓴 다음 앞부분으로 거슬러 올라가면서 어떻게 분배할 것인지를 계산해 나간다. 나의 집필의 페이스는 1시간에 책의 2페이지 정도임을 경험을 통해 알고 있다. 내가 평소에 쓰고 있는 비즈니스 관련 도서는 일반적으로 250페이지 전후이기 때문에 대략 130시간이면 1권의 책을 쓸 수 있다는 계산이 나온다. 따라서 매주 확보할 수 있는 집필 시간을 더해 나가 130시간째인 날의 주말을 마감 일로 생각하고 출판사와 약속하고 있다. 이 방법으로 원고를 마감에 늦지 않게 출판사에 건넬 수 있었다.

②나 ③이라는 숫자는 평일에 호텔 등에서 차분하게 집필할

★★ 당신은 1시간에 얼마만큼의 업무를 소화할 수 있는가?

수 있는 시간이다. 그러나 실제로 진행해 보면 다른 일들이 계속 발생해 도저히 예정된 페이스를 유지할 수 없을 때도 있다. 그럴 때는 다시 집필 시간을 넣지 않은 주말이나, 본래는 잡지의 연재 원고를 쓰고 독서하는 시간으로 확보해 두었던 이동 중의 자투리 시간을 단행본의 집필에 할애한다. 또한 여행지에서의 취재나 사람과 만나기 위해 정해 두었던 시간을 조금씩 할애해서 처음에 정한 마감일을 사수하는 것이다.

어떻게 몇 개월 후의 예정일을 맞출 수 있는가 하면, 1시간에 2페이지라는 단위당 생산량이 파악되어 있기 때문이다. '시간이 없기 때문에 책을 1권도 쓸 수 없다'라고 말할 때에는 미처 이러한 사실을 몰랐다.

처음 마라톤에 도전하는 사람에게 42.195km라는 거리는 엄청나게 멀게 느껴질 것이다. 그러나 베테랑 선수는 5km마다의 시간을 계산해서 그것으로 페이스를 배분하고 관리한다.

큰일을 맡게 되면 그 일에 도대체 얼마나 시간이 걸리는지 파악이 안 되기 때문에 도중에 지쳐 버리는 경우가 많다. 우선 단위당 업무량을 산출해서 어느 정도의 기간이면 완성할 수 있는지를 계산해 본다.

나무를 보고 숲을 보는 것이 중요하다.

수첩은 시간을 만들어 내는 마법의 도구

단행본 집필과 같이 많은 시간이 걸리는 일의 주문이 밀려오면 나는 우선 수첩을 펼친다. 하루하루의 스케줄 중에서 몇 시간을 할애할 수 있는지를 산출함으로써 과연 이 일을 해낼 수 있을까에 대해서 가늠해 볼 필요가 있기 때문이다.

실제로는 반년 앞까지 수첩에 스케줄이 빽빽하게 적혀 있지만 나의 기본 원칙은 의뢰해 오는 일은 모두 받는다는 것이다. 적어도 바쁘다는 것을 이유로 거절하는 일은 절대로 하고 싶지 않다. 따라서 이미 스케줄로 꽉차 있는 수첩을 몇 번이고 다시 보면서 시간을 만들어 내려고 머리를 짠다.

그렇다. 수첩은 시간을 만드는 도구인 것이다. 수첩을 단순히 '예정을 써넣는 도구'라고 생각하는 한 빽빽해진 수첩을 보며 한숨을 지을 수밖에 없다. 그러나 어떻게든 약속과 약속 사이에 작은 시간을 만들어 나간다는 발상이라면 그것은 기쁨이 된다.

나의 수첩에는 '가고 싶은 곳 리스트'라는 페이지가 있다. 그 곳에는 TV나 잡지에서 얻은 테마 공원, 레스토랑, 쇼핑센터 등의 정보를 포스트잇 1장에 1항목씩 써서 붙여 놓고 있다.

강연이나 취재로 몇 개월 앞의 스케줄이 정해지면 이 페이지에서 목적지에 가까운 곳이 적힌 포스트잇을 찾아내어 그 예정된 주에 다시 붙인다.

예를 들어 삿포로 출장이 예정되었다면 '가고 싶은 곳 리스트'에서 '삿포로 팩토리'를 떼어 내어 그 주에 붙여 어떻게든 갈 수 있는 방법을 찾아 검토에 들어간다. 새로 생긴 쇼핑센터를 보기 위해 도쿄에서 삿포로까지 가는 것은 경비와 시간의 지출이 크기 때문에 엄두를 낼 수가 없다. 따라서 이 삿포로 출장을 이용하려는 것이다.

★★ 수첩에 '가고 싶은 곳 리스트'를 만들자.

출장을 최대한으로 이용하는 방법

| 1 土 | 2 日 | 3 月 | 4 火 | 5 水 | 6 木 | 7 金 | 8 土 | 9 日 | 10 月 | 11 火 | 12 水 | 13 木 | 14 金 | 15 土 | 16 日 |

에디스 가든 플레이스
(쇼핑센터)

카모가타
오션파크

삿포로 파크토리
(쇼핑센터)

이케다 와이나리
JR 카츠누마부도우역

세 이유
홋카이도
장애인 편의시설

히가시 카쿠야스 고원
이치노세 엔지 유원지
소프트크림 300엔

마츠에
히노미사키 신사

우라야스 브라이튼
H 미용실
(남성 이용 가능)

효고현
후쿠치 케이코쿠 키노수케

더 몰 (쇼핑센터)
토이자러스 (장난감 대형마트)

- TV, 잡지에서 얻은 테마 공원이나 레스토랑, 쇼핑센터 등을 포스트잇 1장에 1항목씩 써서 수첩에 붙여 둔다.

삿포로에서의 용무가 오후라면 전날 밤에 삿포로에 가서 아침 일찍 대형 쇼핑센터를 방문할 수 있다.

다행히도 나는 연간 200일 정도 출장을 다니느라 거의 매일이 출장인 스케줄 때문에 이러한 구상 대로라면 전국에서 화제가 되는 곳은 다 둘러볼 수 있다. 이것이 수첩을 보고 시간을 만드는 가장 큰 이유이다.

이것은 다만 여행지에 한정된 이야기만은 아니다. 통근 시간을 이용해서 차이나타운에 생긴 화제의 가게에 잠시 들러 보는 일은 10분 정도면 가능할 것이다. 이러한 것을 평소에 하다 보면 트렌드에 대한 센스가 상당히 연마되지 않을까?

이렇듯 수첩을 노려보면서 짧은 시간을 찾아가다 보면 그것이 축적되어 결국에는 하나의 큰 일을 이룰 수 있는 주춧돌이 된다고 생각한다.

시간 관리의 성패는 새벽에 달려 있다

지금 이 항목을 쓰고 있는 시간은 새벽 4시, 후쿠오카의 호텔에서이다. 이틀 전만 해도 해외 출장 중이었고 어제는 도쿄 도내에서 취재와 강연이 있어 저녁 비행기로 후쿠오카에 왔다. 저녁을 먹고 맥주를 마시면 이후에는 도저히 원고를 쓰기가 쉽지 않을 것 같아 일찍 자 버렸다.

　이상하게도 집에서 저녁을 먹으면 유치원생인 아들보다도 일찍 자 버리기 일쑤다. 그리고 기상은 새벽 3시. 세면하고 인터넷으로 뉴스나 기상 예보를 확인한 다음 일을 시작한다. 아무에게도 방해받지 않는 나만의 시간이다.

　호텔에서 숙박할 경우에는 체크아웃 전까지 집중해서 집필이나 서류 정리를 한다. 도중에 일본 전국 어디에 있든지 아침 6시 30분에는 TV를 보면서 체조를 한다. 아침 일찍 나간다고 해도 2~3시간, 오후부터 일정이 짜여 있다면 점심까지 실컷 7~8시간이나 일을 할 수 있기 때문에 다른 사람들과 차별화된 시간을 즐길 수 있다. 철야는 매일 할 수 없지만 이른 아침의 스케줄은 익숙해지면 매일이라도 힘들지 않다.

　집에서 기상한다고 해도 기본은 변하지 않는다. 새벽 3시에 기상해서 첫 열차 시간 전까지 집에서 근무, 아직 아내가 일어나기 전이므로 간단하게 부엌에서 아침을 먹고 출근, 전차 안에서는 편히 앉아 갈 수 있으므로 이 이동 시간도 낭비되지 않는다. 게다가 사무실에 제일 먼저 도착해서 본격적인 업무가 시작되기 전까지 혼자서 더욱 집중해서 일할 수 있다.

　나는 시간 관리의 기본은 '공격'이라고 생각한다. 예정을 세운다고 해도 그것을 '소화한다'는 자세는 방어에 불과하며 마감에 '맞춘다'는 발상도 공격적이라고 말하기는 어렵다. 가끔 '철야로 납기를 맞췄다'라는 얘기를 듣는다. 어떻게 보면 열심히 일했고,

대단한 것처럼 보이지만 잘 생각해 보면 왜 철야를 할 수밖에 없었는가에 대한 의문이 남는다. 대부분의 경우는 처음부터 계획적으로 작업하지 않고 여유를 잡았기에 결과적으로 최후에 일이 밀려서 급하게 진행한 것은 아닐는지. 물론 종반에 새로운 작업이 더해져 철야를 하게 된 것일 수도 있지만, 철야를 해서 일을 마친 사람들의 대부분은 항상 똑같은 패턴을 되풀이하고 있는 느낌이 든다.

마감에 철야를 하면 그 일은 어떻게든 메울 수 있겠지만 피곤이 겹쳐 바로 다음 일에 착수하기가 힘들다. 그러다 보면 다음 일 또한 뒤로 미루게 되고 막바지에 가서는 다시 철야를 하게 될 확률이 높아진다.

이것은 절대 공격적인 진행 방식이 아니다. 계획에 따라 좌지우지되는 것이 아닌, 보다 많은 일에 적극적으로 임하기 위해서는 공격적인 자세가 중요하고 이를 위해서는 아침형으로 생활 패턴을 조정하는 것이 최상이라고 생각한다.

왜 새벽이 핵심인가?

대부분의 일은 그 한 가지로만 끝나는 것이 아니라 여러 갈래를 포함한다. 또 여러 사람이 힘을 모으지 않으면 안 되는 일도 있고, 공장 등에서처럼 작업 시간이 정해져 있는 경우도 있다. 그런 일의 경우 모든 사람이 일찍 일어나 업무 일정을 맞추지 않는 한 작업 효율이 향상되지 않는다.

하지만 서류를 작성하거나, 계산하거나, 기획을 하거나, 나처럼 원고를 쓰는 등 자기 혼자서 페이스를 조절해 가며 일할 수 있는 조건의 사람들도 많을 것이다. 일이 아니라 자격증을 따기 위해서 공부를 하고 있는 사람들도 있을 것이다. 최근에는 소호(SOHO, Small Office Home Office)로, 자신의 집을 일터로 삼아 컴퓨터를 활용하여 일하는 사람들도 늘고 있다. 이러한 사람들에게 있어서는 자신이 짠 스케줄을 확실하게 실행할 수 있느냐가 성공의 포인트가 된다.

가장 바람직한 것은 모든 시간을 자신의 계획대로 쓰는 것이다. 하지만 현실적으로는 거의 불가능하다. 중간에 사람과 만날 약속이 생기거나 긴급 회의가 소집되거나 이제 집중하기 시작했다고 생각하는 순간 전화가 걸려오기 십상이다. 확실하게 지킬 수 있도록 스케줄을 짰지만 생각한 대로 지킬 수 없었던 경험을 누구나 갖고 있을 것이다.

나의 경우는 샐러리맨 생활을 그만두고 스스로 사장으로서 독립했기 때문에 매일의 시간을 자유롭게 쓸 수 있을 것이라고 생각했다. 나름대로 스케줄을 짜고 집필 약속을 했지만 중간에 계속해서 다른 일정이 끼여들었다. 홋카이도에서부터 규슈까지 하루에 이동하는 날도 있었다. 기본적으로 들어오는 일은 거절하지 않고 모두 받는 주의이기 때문에 백지였던 스케줄 표는 금세 꽉채워졌다. 그럼에도 불구하고 몇 개월 전에 한 약속을 깬 적이 없다는 사실은 앞서도 말한 바 있다. 더욱이 마감을 일주일 후로 연기한 적도 없다.

　이 비결은 이른 아침에 집필 시간을 확보한 데 있다. 아무리 이동에서 이동, 호텔에서 호텔로의 철새 같은 일정이라도 아침 일찍부터 체크아웃까지의 몇 시간은 반드시 확보할 수 있었다. 사람과 만나는 스케줄이나 회의, 전화도 새벽 3시부터 아침 7시 전까지는 끼여들지 않을 테니까. 밤늦은 시간에 여유가 생길지도 모르겠지만, 술의 유혹이나 잔업 또는 하루의 피로가 밀려와 집중력이 떨어지므로 생각만큼 효율적이지는 않다.

　스케줄을 계획대로 진행하기 위한 커다란 원칙은 피곤하면 일찍 자는 것이다. 여기서 계속 무리하면 능률이 떨어지거나 일이 풀리지 않아 슬럼프에 빠질 수도 있다. 피곤하면 일찍 자고 일찍 일어난다. 같은 2시간이라도 심야의 2시간보다 이른 아침의 2시간이 훨씬 능률이 오른다고 나는 생각한다.

밤 시계는 30분 간격, 아침 시계는 5분 간격

한때 NHK의 일일 아침 드라마를 '시계 프로그램'이라고 비꼬는 사람이 있었다. 내용을 보기 위해서가 아니라 출근 전에 시간을 확인하기 위해 습관적으로 TV를 켜는 사람이 많다는 이유에서다. 그 진위는 둘째로 치더라도, 어느 방송국에서나 아침과 점심 시간대에 TV 화면에 시간이 표시된다. 최근에는 저녁 프로그램에도 표시되고 있다. 방송국에서는 시청자들의 요구에 따른 것이라고 할 것이다.

　우리들의 생활을 생각해 봐도, 확실히 아침의 시간대는 분 간격으로 쫓기기 때문에 1, 2분이 남는다고 해서 그 짧은 시간에 뭔가 다른 일을 하기에는 어중간하다는 생각이 든다. 점심 시간에도 어영부영 식사를 한 뒤 담배를 피우거나 또는 배구, 장기 등 고전적인 방법으로 시간을 보내곤 한다. 귀중한 시간을 이렇게 아무렇지도 않게 흘려 보내는 것은 사소한 '몇 분'이라는 생각에서이다.

　그렇다면 저녁은 어떤가? 이 시간대에 분 간격으로 쫓기는 사람은 주부일 것이다. 가족이 귀가하는 시간에 맞춰 TV를 곁눈질하면서 시간을 확인한다. 프라이를 하거나 된장국을 끓이거나 전기밥솥의 타이머를 설정한다. 불과 수십 분 안에 여러 종류의 작업에 집중하기 때문에 분 간격으로 움직인다.

　하지만 오후 9시를 넘으면 시간이 흐르는 속도가 느리게 느껴지게 된다. 배도 부르고 알코올도 들어가고 기분이 편안해져 그때부터 다시 한 번 엔진을 켜기가 어렵다. '분 간격의 긴장감'은 생각만큼 지속되기 힘들다. 철야를 한다면 확실히 오랜 시간은 확보할 수 있지만 낮과 같은 능률을 계속 유지하기는 힘들다.

　바꾸어 말하면 밤의 시계는 30분 간격, 또는 1시간 간격인 것

** 아침과 밤의 시간의 흐름은 전혀 다르다.

이다. '어, 벌써 11시네. 이제 자야겠군. 그런데 한잔 더하고 싶으니까 30분 정도만 더 깨어 있자'라고 생각할 수는 있지만 '8분 정도만 깨어 있자'라고는 생각하지 않을 것이다.

이에 비해 아침의 시간은 타이트한 분 간격으로 진행된다. 기상, 화장실 2분, 면도 2분, 세수 1분이라는 형태로 흘러간다. 따라서 시간 관리를 스스로 하지 않으면 안 되는 사람에게 있어서 여유 시간을 내기에는 아침이 유리할 것이다.

나는 하루 24시간을 효율적으로 보내기 위해서 밤은 될 수 있는 한 짧게 하고 아침은 될 수 있는 한 길게 보내기로 마음먹었다.

저녁을 먹고 맥주를 마셨으면 일찍 잔다. 낮에 열심히 일했고 아침 일찍부터 깨어 있었기 때문에 맥주와 목욕이 더해지면 숙면은 틀림없다.

나는 여행지에서나 집에서나 잘 여건이 된다면 한시라도 빨리 잠자리에 든다. 밤 9시에 자서 새벽 3시에 일어나면 6시간, 밤 10시에 잤다고 해도 5시간은 잘 수 있는 셈이다.

밤의 술자리는 어떻게 대처해야 하는가?

'아무리 그래도 샐러리맨이 밤 9시에 잘 수 있겠어?' 라는 의견도 있을지 모른다. 잔업이 있을 수도 있고, 업무상 부득이하게 사람들과 어울려야 하는 자리도 있다.

나 역시 그렇다. 비행기나 신칸센을 갈아타고 겨우 집에 도착하면 결재해야 할 서류나 우편물이 산처럼 쌓여 있다. 이러한 잔업 정리를 아침에 하는 것은 의미가 없기 때문에 밤중에 해치운다. 파티 같은 자리도 많다. 오후 10시 전에 잘 수 있는 날은 거의 없는 것이 현실이다.

그래도 기상 시간은 새벽 3시이다. 남겨 둔 일이 있어 새벽 1시에 잠자리에 드는 날이면 수면 시간이 2시간밖에 안 되는 날도 있다. 술자리에 어울리는 경우도 있다. 나는 날이 밝을 때까지 마시는 일은 절대 하지 않는다. 늦어도 자정. 신데렐라처럼 그 자리에서 실례를 하고 집으로 돌아와 새벽 1시에는 잠자리에 들 수 있도록 한다. 잠자리에 든 시간이 늦기 때문에 다음날은 늦게 일어나고 싶은 충동을 느끼지만 아무리 힘들어도 오전 5시까지는 일어나도록 하고 있다.

이 아침형 생활은 매일 계속하는 데 의미가 있다. 조깅이나 체조로 졸음을 쫓고 아침에 해야 할 일에 착수한다. 전날 아무리 늦었다고 해도 그것을 변명으로 예정을 건너뛸 수는 없다고 자기 자신을 엄하게 다스리는 것이다. 이 정도로 타협을 하면 자신의 시간을 확보할 수 없다.

만약 야간형 생활을 한다면 어떨까? 밤에 술자리가 있을 때는 바로 영향이 나타난다. 그런 날이 계속되다 보면 이미 회복이 불가능하게 되어 예정에서 크게 벗어나게 된다.

좋은 스케줄이란 예정대로 진행되지 않았을 때에 어떻게 바로잡을 것인가라는 매뉴얼과 같은 것이어야 한다. 일정 중간에 술자리가 끼여든다고 해도 그 영향을 최소한으로 하는 방파제 역할을 해낼 수 있는 스케줄을 만드는 게 진정 의미가 있는 것은 아닐까? 중요한 것은 술자리가 끼여드는 상황을 특별한 것으로 받아들이지 않는 것이다. 돌발 상황은 언제든 일어날 수 있다는 전제를 새겨둘 필요가 있다. 돌발적인 일 때문에 스케줄을 소화할 수 없었다는 변명을 하지 않는 것이다.

밤에 술자리가 생기더라도 상관없도록 밤의 스케줄을 가볍게 만들면 그만큼 아침의 스케줄에 충실할 수 있다는 것은 생활의 지혜이다.

아침을 두 번 맞는 '1일 2분할법'

이른 아침의 시간대에 효율적으로 일할 수 있음을 인식한 다음부터 나는 '그렇다면 하루에 1번이 아니라 2번 아침을 만들 수는 없을까'에 대해 생각하게 됐다. 그것이 휴일에 내가 실시하고 있는 '1일 2분할법'이다.

휴일이라고 해도 나의 경우는 전혀 일을 하지 않고 쉴 수 있는 입장이 아니다. 집에 있기 때문에 원고를 쓰거나 자료 정리, 강연 등의 준비도 해야 하고, 또한 휴일이기 때문에 쇼핑센터, 테마 공원을 둘러보러 나가야 하는 등, 오히려 평일에 할 수 없었던 중요한 다른 일들을 해야 하는 것이다. 한편 평상시에 가정에 충실하지 못했기 때문에 휴일만이라도 가족들을 위해 서비스를 해야 한다는 부담감도 있다. 휴일에 해야 할 일이 산처럼 많은 것이다.

그래서 내가 생각해 낸 것이 휴일을 충분히 이용하는 '1일 2분할법'이었다. 우선 기상 시간인데, 기본적으로 아침형은 변함이 없다. 어렵게 익힌 습관을 주말에 망치면 한 주의 시작부터 페이스가 말리는 일이 생기기 때문이다. 이렇게 말을 해도 역시 '휴일이 주는 선물'을 받고 싶기 때문에 항상 새벽 3시보다는 조금 늦 잠을 잔다.

　새벽 5시가 기상이다. 바로 일에 착수하기도 하지만 날씨가 좋은 날은 조깅이나 산보를 하면서 휴일의 평온한 공기를 마신다. 그리고 일에 착수한다. 9시나 10시 정도까지 3~4시간 정도 집중해서 일을 한다.

　늦게 일어나는 가족과 아침을 먹은 후, 저녁까지 장을 보거나 공원에 놀러가서 시간을 보낸다. 설령 그대로 멀리 외출을 해서 늦

★★ '1일 2분할법'으로 휴일을 유용하게 보내자.

게 돌아온다고 해도 그날 할 일은 이미 이른 아침에 끝내 놓았기 때문에 부담감이 적다. 그리고 주어진 나머지 시간은 충분히 즐기도록 하고 있다.

다시 한 번 '휴일에 가고 싶은 곳 리스트'라는 것을 만들어 둔다. 그 중에는 나의 일과 관련된 화제의 쇼핑센터나 테마 공원, 온천 등 가족끼리 가기에 알맞은 곳도 있다. 나에게 있어서는 한 번은 봐야겠다고 생각해 둔 곳투성이다. 그런 식으로 나는 눈에 띄는 편의 시설을 휴일에 가족과 함께 외출하여 취재하였다.

저녁에 돌아오면 맥주를 마시고 잔다. 시계를 보면 오후 7시나 8시 정도다. 목욕을 하고 하루를 마쳤다는 나름대로의 종지부를 찍은 다음 잠옷을 입고 이불 속으로 파고든다. 일주일 동안의 피로도 있기 때문에 숙면을 취할 수 있다. 한 3시간쯤. 다시 '좋은 아침'을 외치며 일어나서 아침 식사를 한다. 비록 밤 10시 정도지만 나에게 있어서는 '아침 식사'이기 때문에 맥주는 뺀다. 그리고 그 때부터 오늘 두 번째의 '이른 아침 일'에 착수하는 것이다.

일과 휴일 기분을 양립시키는 '1일 2분할법'.

나에게 있어서는 쾌적한 휴일을 보내는 방법인데 여러분도 한 번 시험해 보는 것은 어떨지.

1시간은 '15분이 4개'라는 발상

무슨 이유에서인지 나는 집중해서 한 가지에 매달려 일을 할 수가 없다. 그것은 지금 생긴 것이 아니라 어릴 적부터의 문제였던 것 같다. 담임 선생님은 생활기록부에 '차분하지 않다'고 계속 써 왔다.

이른 아침부터 일에 집중한다든지 신칸센 안에서도 원고를 쓴다고 하면 상당히 집중력이 있는 사람으로 생각하기 쉽지만 실은 엉뚱하게도 전혀 그렇지 못하여 스스로도 여간 쑥스러운 게 아니다. 차분하지 않다, 집중할 수 없다고 말해도 아무 소용없다. 따라서 나만의 아이디어가 있다는 것을 굳이 밝히지 않을 수 없다.

실은 책을 읽거나 원고를 쓸 때 내가 얼마나 집중하고 있는가를 조사해 본 경험이 있다. 부끄럽게도 15분이었다. 1시간 동안 원고를 쓰려고 예정하지만 금방 지겨워져서 다른 것을 생각해 버리거나, 1시간에 2페이지를 쓸 수 있음에도 불구하고 현실적으로는 겨우 15분 분량밖에 쓰지 못했다.

그래서 이렇게 생각했다. 15분밖에 집중력이 없으니 15분 단위로 일의 내용을 바꿔 보는 것은 어떨까. 1시간에 걸쳐서 1가지 일을 하려고 하기보다는 15분씩 내용이 다른 4가지 일을 조합하는 것으로 지겹지 않으면서도 집중력을 지속시킬 수 있지 않을까라는 얘기다. 1가지 일이 지겨워지면 부정적으로 받아들이게 되지만 4

★★ 1시간을 4등분해서 일한다.

집중력을 높이기 위한 테크닉

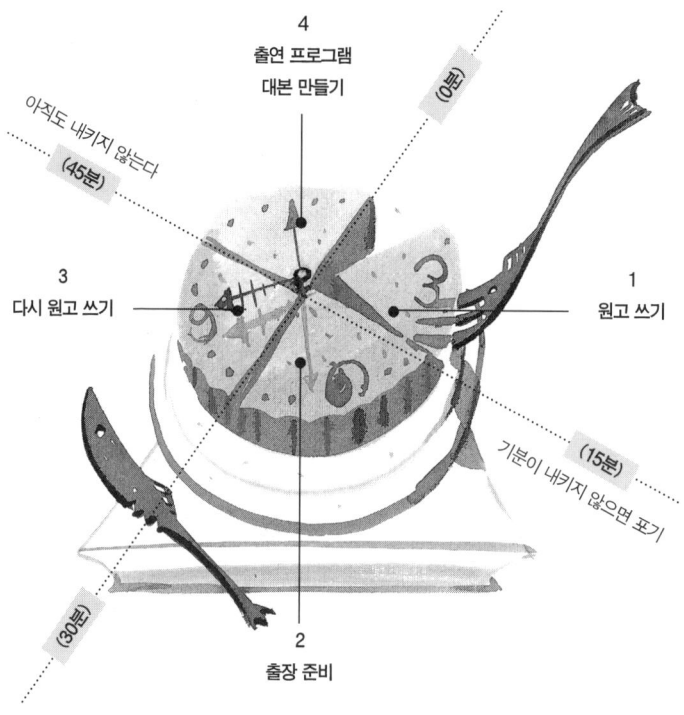

가지 일을 바꿔 가며 동시에 진행하면 호기심이 왕성해져 긍정적인 발상으로 전환할 수 있다.

우선 원고를 쓴다. 15분 만에 금방 지쳐 버린다. 바로 머뭇거리지 않고 출장 준비를 한다. 갈아입을 옷을 가방에 넣거나 몸을 움직이는 작업이다. 어차피 해야 할 작업이지만 이것을 원고 쓰기에 지쳤을 때 하려고 일부러 남겨 둔 것이다. 약 15분. 다시 원고를 쓰기 시작한다. 그러나 아직 원고를 쓰기 위한 마음의 준비가 되지 않았다면 출연할 프로그램의 멘트를 준비한다. 이것도 언젠가는 해야 할 일이다. 그리고 15분 후에 다시 한 번 원고에 도전한다. 이런, 아직 기분이 안 나는데. 실은 이런 일은 일상에서 다반사다. 따라서 다음은 신문이나 잡지의 스크랩 작업을 한다. 테이블에 신문을 펼쳐 놓고 이것이다라고 생각되는 기사가 실린 지면을 통째로 잘라 낸다. 잡지도 관심 있는 특집을 통째로 잘라서 스태플러로 찍어 놓는다. 지면 전체를 볼 수 있도록 서서 작업하고 과감하게 잘라 내기 때문에 스트레스 해소에도 도움이 된다. 이렇게 기분 전환을 한 뒤 다시 원고 쓰기로 돌아가는 것이다.

산만한 사람은 특히 '1시간 4분할법'을!

1시간 동안 집중할 수 없기 때문에 1시간을 4로 나누어 그 동안 4개 일을 진행하여 조합시키는 수법이 나의 비책이었다. 완투 능력이 있는 투수가 없기 때문에 중간에 투수를 교체해 나가는 것과 비슷하다. 또는 1시간이라는 커다란 축을 관리하는 것은 어려우니 '분할해서 통치하라'는 로마 제국적 수법을 적용한 것이라고 말할 수 있을지도 모른다.

나와 이 '1시간 4분할법'과의 최초의 만남은 지금으로부터 약 30년 전, 수험 공부를 했던 시기로 돌아간다. 쉽게 지치기 때문에 1시간 동안 같은 교과목을 공부할 수가 없었다. 특히 잘 못하는 수학의 경우는 15분이나 앉아 있으면 머리가 멍해지고 사고가 완전히 정지해 버렸다. 그때 생각해 낸 것이 공부하는 과목을 15분 단위로 바꿔 나가는 방법이었다.

수학 문제를 15분 동안 푼다. 풀었거나 풀지 못했거나 상관없이 다음 15분은 세계사다. 가장 못하는 과목 이후에는 잘하는 과목을 놓아 '전환'을 하는 것이다. 15분 지나면 다시 수학. 이전의 문제를 풀지 못했다면 참고서를 보고 정답에 이르는 해설을 숙독한다. 다음은 고전문학 그리고 다음은 다시 수학이다.

이렇게 해서 잘하지 못했던 수학과 다른 과목을 끼워 나가는 것이다. 예를 들어 10시간 공부했다고 하면 절반인 5시간은 수학, 나머지는 다른 과목의 총합이 되는 셈이다. 이런 방법을 사용했기 때문에 어떻게든 수학을 5시간씩 공부할 수 있었다. 아마도 1시간 또는 2시간 연속해서 수학 공부를 하려고 했다면 절대 근처에도 못 갔을 것이다. 또한 다른 과목도 조금씩이긴 하지만 매일 공부할 수 있었다. 아무리 잘하는 과목이라도 며칠 동안 손을 놓고 있으면 잊어버리기 쉽다. 1칸의 최소 단위가 15분이기 때문에 학습 내용에 따라서는 2칸, 3칸을 모아서 실행해도 물론 상관없다.

매일 공부를 시작하기 전에 그날의 메뉴를 정한다. 노트에 1시간에 4칸씩 시간표를 만들어 두고 그 축에 학습 항목을 써 나간다. 예를 들면 영어의 경우 학습 내용에 따라서 영어 해석, 영문법, 영단어, 영숙어로 작게 나누어 기입한다. 15분이기 때문에 학습 내용도 세분화할 필요가 있다. 계획 없이 막상 그 시간에 닥쳐 다음엔 무엇을 공부할까 하고 생각한다면 순식간에 1칸 15분이 지나쳐 버린다.

물론 자신이 15분 동안에 어느 정도의 분량을 소화할 수 있는지를 파악해 두는 것이 중요하다. 예를 들면 나는 영단어 학습의 15분에는 단어집의 해석을 숨기고 영단어만을 보고 경을 읽듯이 읽어 내려갔다. 단어집 1권을 빠른 속도로 음독하면 딱 15분이었다. 이것을 매일 하면 익숙해진다. 외운다고 하기보다 익숙해지는 것이다.

나의 시간 사용법의 원점은 이 수험 공부에 있었다.

마감 효과를 최대한 끌어내라

'마감 효과'라고 하는 것은 확실히 있다. 처음에 시작할 때는 마음을 놓고 있다가 마감에 닥치면 '큰일이다, 시간에 맞추기 어렵겠다'고 스스로 채찍이 가해진다. 그래서 나는 생각했다. 마감이 많으면 항상 열심히 하게 돼서 전체적으로 효율적이지 않을까 하고 말이다.

매달 마감하는 것보다 매일의 마감 그리고 1시간마다의 마감보다는 15분마다 마감하는 형식이다. 이것은 실제로 해보면 가장 확실한 방법임을 알 수 있다. 1시간에 4번이나 마감이 있기 때문에 숨돌릴 틈이 없다. 수험 공부를 할 때, 수학 문제 하나를 풀면 다음은 영문 독해 또 다음의 수학 문제가 풀리면 다음은 고전 독해라는 식으로 계속해서 해야 할 일이 기다리고 있는 것이다. 집중해서 15분마다 마감하기 때문에 결과적으로 시간이 순식간에 지나간 느낌이 든다.

이것은 지금도 변함이 없다. 나는 도쿄, 오사카 사이를 오가는 신칸센 안에서는 대부분 원고를 쓰지만 그 이외에도 읽어야 하는 잡지나 신문, 써야 할 편지나 서류 등 여러 가지 일을 끌어들인다. 최초의 15분은 원고 쓰기. 하지만 금방 지친다. 차 안에서 집필하다 보면 자세도 좋지 않기 때문에 어깨나 목도 결린다. 따라서 다음의 15분은 도시락을 먹으면서 음악을 듣거나 경치를 구경하며 보낸다. 그리고 다음 15분은 다시 한 번 원고에 도전. 그러나 배가 불러 졸음이 솔솔 오면 다음 15분 동안은 낮잠을 잔다. 일어나면 잠을 깨기 위해 커피를 한 잔 마시면서 신문이나 잡지를 보며 15분을 보낸다. 확실히 잠이 깨면 다시 다음 15분에 원고를 써 나간다.

이렇게 집필, 다음 일의 준비, 식사, 휴식과 몇 가지 차 안에서 할 수 있는 일을 15분 간격으로 해 나간다. 로테이션으로 해야 할 일을 순차적으로 해 나가다 보면 종착역에 가까워지고, 드디어 마감 효과가 발휘된다. 마감 시간이란 신칸센에서 내리는 시간이다.

그 동안 차 안에서 조금씩 손을 댄 작업을 모두 마무리해야 하는 것이다. 나중에 더 읽고 싶다고 생각되는 잡지의 기사만 찢어서 가방 속에 넣는다. 신문도 아직 읽지 않은 페이지는 기사의 제목만 읽고 자료로서 가치가 없다면 버린다. 그리고 원고다. 나는 한 번의 승차로 연재 잡지의 원고를 1개 완성하는 것을 목표로 하고 있다. 원고가 짧고 시간이 걸리지 않을 때는 다른 작업을 늘리고, 원고량이 많을 때는 다른 작업을 줄여서 원고 쓰기에 전력을 쏟는 등 하여간 내릴 때까지는 완성하도록 하고 있다. '곧 역에 도착합니다' 라는 안내 방송을 들으면서 끝내는 것이 일과이다.

동시 병행 처리의 원칙으로 효율 상승

시간 효율을 높이는 또 하나의 방법으로 '동시 병행 처리의 원칙' 이 있다. 한마디로 말해 모아서 한꺼번에 할 수 있는 일은 같이 해 버리는 것이다.

흔히 '~하는 김에' 라는 말을 쓴다. 그 이면에는 '우연성' 이라는 뉘앙스가 담겨 있다. 이것을 어떻게, 얼마나 '필연' 으로 전환하는가가 포인트다.

나는 이렇게 한다. 내가 항상 이용하고 있는 큼지막한 수첩 첫 페이지에 '가고 싶은 곳 리스트' 라는 것을 만들어 둔다는 것은 앞서 기술한 바 있다.

TV나 잡지에서 전국에 새롭게 생긴 쇼핑센터나 테마 공원을 발견하면 포스트잇 1장에 1곳씩 그 장소를 써서 여기에 붙여 놓는 것이다. 그 후 출장 스케줄이 들어오면 이 '가고 싶은 곳 리스트'에서 이번에 '~하는 김에' 갈 수 있는 장소가 적힌 포스트잇을 찾아낸다.

예를 들어 다음 주에 오사카로 출장을 갈 일이 생기면 '가고 싶은 곳 리스트'에서 수첩의 다음 주 예정란에 '스파 월드' '캉캉베이사이드 몰' '수상 버스' 등 3장의 포스트잇을 붙이는 것이다.

'스파 월드'는 몇 년 전에 오사카 텐노우지에 생긴 화려한 온천 랜드지만 근처에 살고 있지 않으면 가기가 쉽지 않다. 주간지에 여성 모델이 화려한 욕장을 바라보고 있는 사진이 실린 걸 보고 실제로 가 보고 싶다고 생각했었다. 또한 '캉캉베이사이드 몰'은 급속히 늘고 있는 간사이의 아웃렛 중 한 곳으로 근처의 젊은이들이 많이 모인다고 한다. 그리고 예전부터 물의 도시인 오사카의 수상 버스를 한번 타 보고 싶다고 생각하고 있었지만 몇 년 동안 실현할 수 없어서 붙여 두었던 포스트잇의 색이 거의 바랠 지경이었다. 그래서 겸사겸사 '이번에야말로' 하고 생각한 것이다. 1박 2일의 오사카 출장 기간 동안 모두 다녀 보기는 무리겠지만 아침 일찍 신칸센 특급 열차를 타거나 금요일에 돌아오는 일정에 1박을 추가하는 등의 방법을 구상해서 어떻게든 이룰 것이다. 이렇게 '~하는 김에' 한 가지 일을 더하려고 마음먹는 것 자체가 또한 즐거움이다.

나는 이렇게 '~하는 김에'를 우연이 아니라 필연으로 전환해서 전국의 최신 유행을 따르고 있다. 불행인지 다행인지 연간 200일은 호텔에 머물 정도로 출장이 잦기 때문에 구상하기에 따라서는 1년 동안에 전국에서 가고 싶은 곳 대부분을 갔다 올 수가 있다.

일 때문에 긴자에 간 '김에', 물건을 사러 편의점에 들른 '김에' 무엇을 할 것인가를 정해 놓으면 그 장소에서 지내는 시간이 보다 충실해질 것이다.

일부러 가려면 시간과 돈이 들기 때문에 결과적으로는 뒤로 미루거나 가지 않게 된다. '~하는 김에'를 의식하는 것이 인생을 풍요롭게 한다고 생각한다.

'~하는 김에'가 하루를 사흘로 만들어 준다

'~하는 김에'를 필연적으로 만들어 간다는 발상은 더 널리 응용할 수 있다. 해야 할 것을 다시 한 번 계획적으로 써 내려가 동시에 병행해서 처리할 수 있는 것을 그룹으로 묶어 두면 상황에 따라 그때그때 일을 처리할 수 있으므로 훨씬 효율적이다.

인생에 있어서 결혼은 큰 프로젝트다. 특히 결혼 직전 3개월은 준비하는 데 얼이 빠진다. 이럴 때 어떻게 대처할 것인가, 이것을 예로 설명해 보겠다.

우선 해야 할 것을 포스트잇에 1항목당 1장씩 쓴 다음 넓은 테이블 위나 벽에 붙여 놓는다. 아무리 사소한 일이라도 생각난 것은 1항목에 1장씩 나눠서 쓰는 것이 핵심이다. 예를 들면 주례사에게 감사의 표시로 드릴 축의 봉투를 사는 등의 작은 일도 1장에 써서 붙인다. 그러면 결혼식을 올리기 위해서 필요한 작업을 쓴 포스트잇의 수가 전부 200장이나 300장이 될지도 모른다. 그래도 신경 쓰지 말고 써 본다.

이 '써 나가는 효과'가 중요하다. 잊어버리는 것을 방지하기도 하고 '모두 썼다. 이것이 해야 할 모든 것이다'라고 마음을 놓을 수 있는 효과도 있다.

다음으로 포스트잇 한장 한장을 해야 할 순서대로 나열해서 수첩에 붙인다. '주례를 부탁하러 간다' '결혼식장을 정한다' 등은 물론 빨리 하지 않으면 안 되는 일이다.

이번 주에 해야 할 일은 수첩의 이번 주의 페이지에, 다음달에 해야 할 일은 다음달의 페이지에 각각 붙이면 일이 배분된 것이다. 그 주에 달성할 수 없었던 포스트잇은 다음 주 이후로 떼어서 다시 붙여 나간다. 스케줄에 따라서 붙이거나 뗄 수 있는 것이 포스트잇을 사용하는 가장 큰 장점이다.

이 작업의 과정에서 써 놓기는 했지만 역시 할 필요가 없다거나 자기가 직접 하지 않고 다른 사람이 할 수 있는 일도 있을 것이다. 이것이 '처리의 지혜'이다.

그리고 동시에 병행해서 처리할 수 있는 일을 발견할 수 있다.

수개월에 걸친 큰 프로젝트를 세분화하여 모두 써 놓았기 때문에, 예를 들면 결혼식장 사용 계약서를 작성하러 갈 때 '~하는 김에' 여러 가지 일을 더불어서 할 수 있을 것이다. 막상 닥쳐서 생각하면 쓸데없이 보내는 시간이 많고 몇 번씩 다시 가야 되는 일이 생기기 때문에 상당한 시간 낭비가 발생한다.

나는 '~하는 김에'를 찾아내는 작업을 '~하는 김에의 시스템화'라고 부른다. '~하는 김에'를 필연적으로 찾아낸다는 뉘앙스가 들어 있는 것이다.

경험에 의하면 실제로 작업을 시작하기 전에 '써 내려가는 효과'와 '~하는 김에의 시스템화'에 따라 작업량은 20~30% 정도 삭감된다.

몇 개월이나 걸리는 커다란 일은 물론 일상의 작은 작업이라도 생각이 나면 바로 '포스트잇화' 해서 하나를 끝낼 때마다 1장씩 떼어 내 가다 보면 시각적으로도 얼마나 달성했는가를 바로 알 수 있고, 좀더 적극적으로 하고자 하는 마음도 생기게 마련이다.

제 3 장

프로는 이것이 다르다

24시간을 최대한 활용하기 위한

니시무라 식 3·3·3 시간 관리

목표는 자신의 능력의 3배로 잡아라

나는 비즈니스맨들이 살아남기 위한 무기는 '시간'이라고 이야기하고 있다. 히트 상품의 개발은 라이벌 회사와의 '시간' 싸움이라고 해도 과언이 아니며, 영업 실적을 올리는 것도 결국에는 한정된 '시간' 내에서라는 제약이 항상 따라다닌다. 또 전직이나 독립을 하기 위해 자격 취득 공부를 하더라도, 역시 '시간'의 그늘에서 벗어날 수 없다. '시간'을 자기 것으로 만들기 위해서는 남들보다 빨라야 된다. 언제 어디서든 먼저, 먼저라는 마음가짐을 가지고 있으면 자연히 시간적으로 여유도 생긴다.

이런 시간 개념을 유념하면서 나 자신에게 부여한 과제는, 100이라는 목표를 달성하기 위해서는 머리 속으로 100을 생각하지 말고 '300을 달성하려면 어떻게 해야 되는가'를 생각하는 것이다.

꼭 이뤄야 하는 목표가 평범하다면 틀림없이 방심을 하게 된다. '100 정도라면 누워서 떡 먹기다'라는 생각이 들면 대강 하는 시늉만 내더라도 어떻게 되겠지 하고 마음이 안이해질 것이다. 일단 한 번 마음이 해이해지면 집중력도 떨어지고, 결과적으로는 '어쨌거나 100을 달성하면 그만'이라며 자기 합리화 내지는 타협을 하게 된다. 아주 손쉽게 달성할 수 있다고 생각했던 100인데, 막상 끝내고 보면 겨우 100에 턱걸이를 하거나, 심한 경우에는 90 정도

밖에 달성하지 못할 때도 있다. 만약 지금 당신에게 100이라는 목표가 있다면, 일부러 그 3배인 300을 달성하려면 어떻게 해야 되는가를 생각하라. 그러면 발상의 스케일이 달라질 것이다.

목표를 30쯤 높여 130 정도로 잡는다면 '어쨌든 하는 데까지 열심히 해보자'라는 정도로 정신 무장을 하므로 근본적인 개선을 하려는 생각은 하지 않는다. 그러나 목표를 단번에 3배로 잡으면 그냥 '열심히' 하는 차원이 아니라 근본에서부터 임하는 자세를 바꾸게 된다.

1972년, 혼다는 미국의 자동차 배기 가스 규제법인 머스키법을 통과하기 위한 CVCC 엔진 개발에 세계 최초로 성공했다. 이 머스키법은 1970년의 배기 가스 배출 레벨을 5년 후인 1975년에는 일산화탄소를 10분의 1로, 1976년에는 질소탄화물을 10분의 1로 줄이자는 취지에서 제정된 법이다.

지금까지 자동차 회사들은 엔진에 촉매 정화 장치를 부착하는 것으로 질소탄화물을 줄이려고 했다. 그러나 이런 엄격한 규제를 통과하기 위해서는 좀더 근본적인 것부터 재고하지 않으면 안 된다고 생각했던 혼다는, 엔진의 연소통을 2개로 나누어 각기 농도가 다른 혼합 가스를 넣어서, 농도가 짙은 혼합 가스의 폭발로 인해 발생하는 불꽃으로 농도가 옅은 혼합 가스를 태우는 기법을 개발한 것이다. 농도가 옅은 혼합 가스에는 공기가 들어 있기 때문에, 일산화탄소 발생을 막을 수 있었고, 또 두 연소통의 폭발 농도 차이로 인해 질소산화물도 크게 줄일 수 있었다. 이것이 바로 CVCC

엔진의 원리이다.

혼다는 이 엔진의 개발 이외에는 회사의 미래도 없다고 판단하여 사활을 걸고 개발에 임했다. 종래 기법을 개선하는 것만으로는 원래보다 10배가 넘는 규제를 도저히 통과할 수 없었다. 근본에서부터 발상을 전환하였던 까닭에 지금까지의 상식을 뒤엎는 저공해 엔진을 가능하게 만들었다. 혼다는 이 엔진의 개발로 인해 미국에서의 인지도가 높아졌으며, 현재에까지 이르렀다.

이런 혼다의 예는 우리에게 많은 교훈을 준다. 새롭고 참신한 기법을 생각해 내는 원동력은 우연이 아니다. 어려운 조건에 끊임없이 자신을 몰아넣어 근본부터 바꾸려고 하는 노력에서 나온다.

일부러 허세를 부려 자신을 변화시켜라

느닷없이 3배나 높은 목표를 정해서 그것을 사람들 앞에서 공언한다면 어떻게 될까?

아마 미친놈 취급하며 상대도 해 주지 않을 것이다. 하지만 여기에는 일부러 사람들 앞에서 말함으로써, 자신을 궁지에 몰아넣고 배수의 진을 쳐, 결과적으로 성공하겠다는 의도가 숨어 있다.

그러나 이 방법은 자기 실력에 상당한 자신을 가지고 있을 때만 쓰는 것으로, 아무 때나 쓸 수 있는 수법은 결코 아니다. 일단은 자기를 내세우며 허세를 부리는 것부터 시작해야 한다.

남에게 선언하는 것이 아니라 우선 자기 마음속으로만 목표를 3배로 설정해서, 자기 변혁을 꾀한다면 누구에게도 피해를 주는 일은 없을 것이다.

언젠가 나는 큰 결심을 하고 '올해는 3개 국어를 정복하겠다'는 목표를 세웠다. 독일어, 프랑스 어, 한국어까지 3개 국어를 마스터하기로 했다. 상식적으로 생각하면 1년에 새롭게 배울 수 있는 언어는 기껏해야 하나가 고작일 것이다. 그러한 상황을 뻔히 알면서 일부러 3개 국어로 정하고, 1년 후에는 이 3개 나라에 실제로 가는 것까지 계획에 포함시켜 두었다. 사람들로부터 1년에 3개 국어를 동시에 마스터할 수는 없을 거라는 말도 심심찮게 들었다. 물론 그것은 누구보다도 나 자신이 가장 잘 알고 있다. 하지만 불가능한 일에 굳이 도전하려고 하기 때문에 기발한 아이디어도 떠오르는 것이다.

NHK 라디오 강좌에서는 매일 20분씩 각국 언어 방송을 하고 있다. 독일어, 프랑스 어, 한국어 강좌는 연달아 방송되고 있기 때문에, 매일 60분씩 녹음을 해 두면 편할 것 같다고 생각했다. 그리고 녹음한 테이프는 다음날 아침, 전차 안에서 듣기로 했다. 물론 테이프를 듣는 정도만으로 어학을 정복할 수 있는 것은 아니지만, 그래도 여행을 갔을 때 간단한 회화 정도는 충분히 할 수 있으며 아무것도 모른 채 여행을 떠나는 것보다는 훨씬 나을 것이다. 강좌 중에는 그 나라의 역사와 문화에 관한 설명도 곁들이기 때문에,

'여행의 예행 연습'으로도 절대적인 효과가 있다.

어학은 무엇보다도 반복 학습이 중요하다. 그래서 NHK 라디오 강좌도 6개월마다 같은 내용을 되풀이해서 방송을 한다. 한꺼번에 3개 국어를 완전히 통달하기는 어렵지만, 그 해 후반에 한 번 더 복습할 기회가 있었다. 그리고 실제로 내가 말을 배운 그 나라를 방문해 보면 더욱 친근감이 생기고 하고자 하는 의욕도 샘솟기 때문에 2년째도, 3년째도 계속해서 하려는 마음이 생긴다.

3개 국어를 동시에 배우려면 3배의 노력이 필요할까? 하지만 꼭 그렇지도 않다. 따로 자격증을 취득하거나 시험 준비를 위해서 배우는 것이 아니라, 어디까지나 자신의 능력을 개발하기 위해서 하는 것이기 때문에 계획한 페이스대로 하기만 하면 된다. 그리고 어학 공부는 배운다기보다 익숙해지는 것이라고 스스로 인식하면서, 오히려 잊어버리지 않는 것이 이상하다고 생각해라. 잊어버리면 다시 또 하지 하고 가볍게 생각하는 마음도 중도에 포기하지 않고 오래 할 수 있는 비결이다.

나는 지금까지 7개 국어를 섭렵했으며, 샐러리맨 시절부터 그 해 배운 언어의 나라에 반드시 갔다. 이런 나의 방법은 국제 감각을 키우는 데 상당한 도움이 되었다고 생각한다.

제한된 시간에 남들 3배의 정보를 얻는 기술

정보화 사회에 살고 있는 우리들 주위에는 우리가 모르는 사이에도 막대한 양의 정보가 홍수처럼 쏟아져 나오고 있다. 이런 정보를 유용하게 사용하는 것은 당신의 마음에 달린 것이지만, 정보 수집에 무한정 시간을 할애할 수 없기 때문에 취사 선택하기에도 힘이 든다. 제 아무리 인터넷이 발달하고 메일이 널리 보급되었다고 하지만, 그것들을 활용하지 못하면 아무 소용이 없다.

얼마나 짧은 시간에 많은 정보를 접해 비즈니스에 도움이 될 만한 정보를 취사 선택해서 자기 것으로 만드는가, 즉 기획안을 만드는가는 비즈니스맨들의 영원한 과제이다.

나는 방송국의 보도국이라는 곳에서 일한 적이 있다. 오랜 훈련으로 인해 아마도 다른 사람들보다는 꽤 빠르게 정보를 정리할 수 있다고 생각한다. 여기서도 3배속, 정해진 시간에 3배의 정보를 접하려는 생각이 기본 원칙이다.

우선, 현재 나의 정보 수집법을 하루 일과와 대비해서 소개하겠다.

새벽 3시에 기상, 전기면도기로 면도를 하면서 커피를 마신다. 커피를 마시면서 인터넷에 접속해 각 신문사의 조간과 《뉴욕 타임스》에 어떤 기사가 났는지 확인함과 동시에, 오늘의 일기 예보와 일하러 가는 지방의 주간 일기 예보를 본다. 이 시간대는 인터넷 서핑으로 밤을 꼬박 새운 사람들도 잠자리에 들 시간이기 때문에 인터넷에 쉽게 접속할 수 있다. 그리고 아직 조간도 배달되지 않은 시간이기에 각 신문의 기사를 체크하는 데 10분도 걸리지 않으니 참으로 고마운 일이 아닐 수 없다. 나는 이른 아침에 10분 정도밖에 신문을 체크하지 않는다. 그리고 저녁 무렵에 휴대 전화로 인터넷에 접속해서 신문을 볼 뿐이다. 이처럼 인터넷을 이용하면서부터 신문은 매일 읽지 않게 되어 버렸다.

구독하고 있는 신문은 일주일치를 모아서 체크하며, 월말에는 한 달치를 모아서 관심이 있는 분야를 테마 별로 스크랩하고 있다. 신문은 기본적으로 이미 과거가 되고 만 일들을 보도하고 있기 때문에 기록성과 자료적 가치가 있는 기사만을 찾으면 된다. 결코 심심풀이나 오락을 위해 읽는 것이 아니라는 것이 나의 지론이다. 그렇기 때문에 신문은 읽는 것이 아니라, 어떤 기사를 스크랩할 것인가를 '찾기 위해 펼치는 것'이다. 일주일치 신문의 스크랩 작업은 테이블 위에 신문을 펼쳐 놓고 의자 위에 올라서서 신문 전체를 쭉 훑어보며 필요한 기사만 빨간 펜으로 표시해 둔다. 이 작업에 아주 신중을 기하고 있지만 한 면을 보는 데는 5초도 안 걸린다. 그렇지만 기사를 잊어버려서 후회해 본 적은 한 번도 없다. 이런 스피드는 방송 일을 하면서 익힌 것이기에 항상 감사하는 마음을 가지고 있다.

일주일치 신문 전부를 정리하는 데 1시간 정도면 충분하다.

다음은 TV 뉴스를 보기로 하자. 그 전에는 아침 6시에 20분씩 3개 방송사의 뉴스를 녹화해 뒀다가, 아침 식사를 하면서 3배속으로 20분 만에 봤다. 3배속으로 보면서도 어떤 내용인지 다 이해를 했다. 하지만 이제는 인터넷으로 뉴스를 보는 것만으로도 충분하다는 생각이 든다. 지금은 전차로 이동 중일 때는 TV 뉴스를 들을 수 있는 라디오로, 또 자동차로 이동할 경우에는 자동차에 달린 TV로, 인터넷 서핑이 아닌 채널 서핑을 즐기고 있다. 이 경우에도 최소 3개 이상의 방송사 뉴스를 체크하고 있다. 물론 여기서도 발상은 항상 '3배속'이다.

그리고 최근에는 슈퍼 리스닝 인스티튜트 인터내셔널이라는 속청기가 개발되어 판매 중이라기에 한번 사용해 봤다. 이 기계는 최고 4배속까지 소리를 빠르게 해서 들을 수 있기 때문에, 회의 내용이나 라디오, TV 등 필름에 녹음해 둔 정보를 단시간에 들을 수 있다. 나와 같이 정해진 시간 내에 3배의 정보를 처리해야만 하는 사람들에게는 아주 유용한 물건이 아닐 수 없다. 이 속청기는 시간 단축에 편리할 뿐만 아니라, 기억력과 집중력 등 두뇌 개발 향상에도 도움이 된다고 한다. 실제로 나 역시도 사용하면 할수록 집중력이 높아지는 것을 실감한다.

비즈니스에 정말 도움이 되는 정보는 어디에 있나?

신문이나 TV의 정보는 일반 사람을 대상으로 한 것들이다. 누구라도 알고 있는 일을 당신만 모른다면 큰일이다. 하지만 이런 일반 정보가 비즈니스에 도움이 된다고 생각하는 사람은 별로 없을 것이다. 초보 수준에서 얻은 정보를 가지고 프로가 움직인다면 틀림없이 웃음거리가 될 것이다.

비즈니스에 정말 도움이 될 만한 정보는 업계 관계자와의 대화에서 나올 때가 많다. 그렇기 때문에 인맥 형성은 정보 수집에서 빼놓을 수 없는 중요한 요소가 된다. 인맥이라고 부를 정도의 친분을 맺으려면 역시 시간을 적절히 사용하는 지혜가 필요하다. 이 문제에 관해서는 뒤에 다시 언급하기로 한다.

다음으로 도움이 될 만한 정보는, 각 전문 분야에 종사하는 사람들이 화제로 삼는 전문 서적이나 잡지 기사일 것이다. 그래서 나는 소매업 관련 잡지를 중심으로 10여 종류 정도 정기구독하고 있다. 이것들을 전부 숙독하는 것이 이상적이겠지만, 일반 주간지에 비해 정보의 양도 많고 내용이 무겁기 때문에 거의 불가능하다.

그래서 나는 신문과 마찬가지로 대강 훑어보면서 스크랩을 해둘 필요가 있을 만한 기사를 골라 포스트잇으로 표시해 나간다. 이 작업이 나에게는 '잡지를 읽는 일'인 것이다. 또한 어떤 특집 기사가 실렸는지를 확인하면서 복사할 부분을 표시해 둔다. 경험상, 1시간에 1권의 잡지를 숙독하는 것보다 같은 1시간에 10권의 잡지를 훑어보는 것이 일을 하는 데 있어서는 훨씬 도움이 된다.

　10권의 잡지 중, 비슷한 테마의 특집 기사를 몇 권의 잡지에서 동시에 봤다면, 그 테마야말로 틀림없이 지금 업계에서 가장 주목하고 있는 테마일 확률이 높다. 이 같은 사실을 발견한 것은 10권의 다른 잡지를 훑어봤기 때문이다. 1권의 잡지만 봤다면 아마도 그런 사실을 발견하지 못했을 것이다. 하지만 그렇게 업계에서 쟁점이 되고 있는 테마라도 당신의 일에 직접적으로 도움이 된다는

★★ 비즈니스에 도움이 되는 정보는 업계 관계자와의 대화에 있다.

보장은 없다. 그렇기 때문에 여러 잡지에 실린 비슷한 내용의 특집 기사를 먼저 확인하고, 그 기사들을 복사해서 스크랩으로 보존해 뒀다가, 필요할 경우에 언제라도 꺼내 볼 수 있도록 정리해 두는 것이 좋다.

원래 잡지라는 것은 편집자의 의도에 따라 수집된 원고의 집합체이다. 그렇다면 이번 기회에 당신도 당신의 일에 도움이 될 만한 기사들만 골라서 새롭게 편집을 해보는 건 어떨까?

바로 스크랩이 자신에게 필요한 정보를 모아 편집하는 작업이며, 이 작업을 빠르게 진행할 수 있는 훈련을 해 두면 정보의 홍수에 휩쓸려 가는 일은 결코 없다.

'정보 수집의 습관화'는 시간 절약에 큰 도움이 된다

신문과 잡지에서 도움이 될 만한 정보를 단시간에 수집하기 위해서는 지속적인 훈련이 필요하다. 시간을 따로 들이지 않기 위해 잡지는 전차 안에서만 읽는다는 '시간적 제한'을 두면 능률이 오를 것이다. 모처럼 비싼 돈을 들여 산 잡지를 읽을 시간이 없다는 이유로 방치할 수는 없는 노릇이다. 중요한 기사를 찾아내서 그곳을 집중적으로 읽는 습관을 기르자. 취미로 보는 잡지라면 한가한 날에 꼼꼼히 읽으면 된다. 그러나 될 수 있는 한 일과 관련된 잡지를 더 많이 접하려고 생각한다면 위와 같은 독서법도 나쁘지는 않다. 매일처럼 되풀이하다 보면 익숙해져서 자연스레 속도도 붙을 것이다.

　이처럼 무엇이든 습관이 되면 시간도 크게 절약할 수 있다. 무슨 일이든지 처음 시작할 때는 시간이 많이 걸린다. 그 일을 할 것인가, 말 것인가를 놓고 고민하는 시간도 무시하지 못한다. 특히 정보 수집과 같이 지속적으로 해야만 의미가 있는 일은, 습관처럼 리듬감 있게 하는 편이 시간 단축에 효과가 크다.

　나의 경우, 기상해서 인터넷에 접속하고 면도를 하면서 커피를 마시는 것이 일상의 습관이 되어 버렸다. 통근 전차나 자동차 안에서 라디오로 정보를 수집하고, 녹음 테이프로 어학 연습을 하는 것, 잡지에 포스트잇으로 표를 해 두는 것도 마찬가지다. 다시 생각해 보면, 무의식 중에 매일 같은 일들을 되풀이하는 것이 결과적으로 시간을 허비하지 않고 절약하는 일이라는 생각이 든다. 일주일치 신문을 모아서 스크랩을 하는 작업도, 벌써 25년이라는 시간이 지났기 때문에 익숙해질 대로 익숙해져서 모든 작업을 1시간 이내에 끝낼 수가 있다. 게다가 한 달치 신문과 잡지에서 골라낸 기사를 파일로 만드는 작업도 2시간 이내면 끝마칠 수 있다.

　습관화는 시간 단축은 물론, 어떤 정보가 앞으로 나에게 도움이 될 것인가를 분별하는 감각을 기를 수 있다는 점에서도 중요한 포인트다. 예를 들어 나는 역에서 전철을 기다리는 몇 분 동안에 반드시 구내에 있는 매점을 살펴본다. 석간신문의 헤드라인, 주간지 기사의 타이틀을 확인하고, 팔고 있는 과자나 음료수의 신상품을 체크하기 위해서다. 무의식 중에 하는 행동이지만 이것들도 훌륭한 정보 수집의 한 방편이라고 생각한다. 또 길을 걷다 5분 정도 시간이 있으면 편의점 안을 살피고, 15분 정도 시간이 있으면 슈퍼마켓의 식품 매장을 구경한다. 만약 30분 정도 시간이 있으면 엘리베이터를 타고 백화점의 맨 위층까지 올라갔다가 에스컬레이터를 타고 내려오면서 매장을 체크하는 것 또한 습관이 되었다.

처음 한두 번은 시간을 소일하려는 마음으로 시작했지만 차츰 습관이 되면서 매일매일 보는 시각이 달라져, 나도 모르는 사이에 유행의 변화에 민감하게 되었다. 이렇게 해서 정보 수집 감각을 익혀 가는데, 이것은 결코 하루아침에 습득되는 게 아니다.

새벽 3시 기상도 습관 들이기 나름

매일 규칙적으로 실천함으로써 효과를 높일 수 있는 것은 비단 정보 수집만이 아니다. 새벽 3시에 일어나는 일도, 처음 시작하는 사람에게는 무척 힘든 일일 뿐만 아니라 무리해서 일어났다가 오후에 잠이 쏟아질지도 모른다.

나도 처음부터 새벽같이 일어난 것은 아니다. 조금씩 조금씩 일어나는 시간을 앞당긴 결과, 나만의 습관으로 만들 수 있었다. 몸이 새벽 3시에 길들여지면서 오히려 리듬감 있게 생활할 수 있다.

왜냐하면 이른 새벽 시간에는 누구에게도 방해를 받지 않고 집중해서 일할 수 있기 때문이다. 거의 매일이 출장인 경우라 해도 일어나는 시간을 바꿀 필요는 없다. 나는 드물게 새벽 5시에 일어나는 경우가 있는데, 그럴 때는 아주 늦잠을 잔 것 같은 기분이 든다.

그리고 아침 운동도 언제부터인가 빼 놓을 수 없는 일과가 되었다. 아침 6시 30분. 도쿄에 있다면 벌써 사무실에 출근했을 시간이며 혼자 TV를 보면서 체조를 하며 몸을 움직이고 있었을 것이다.

출장 중인 경우도 별반 차이는 없다. 겨울에는 TV 앞에서, 여름이면 전국 각지의 공원에서 조깅을 하면서 그 지방 사람들과 어울린다. 물론 이런 일과는 휴일에 집에 있을 경우에도 예외는 아니다. 만일 숙박하고 있는 호텔에 수영장이 있으면 반드시 수영을 한다. 사실 나는 의사로부터 당뇨병이 있다는 진단을 받았다. 방송국에 다닐 때 받은 건강 진단에서 위험 판정, 그 후 혈당치가 차츰 악화되어 현재는 당뇨병의 기준치를 넘어선 상태이다. 특별히 치료를 필요로 할 정도는 아니지만, 운동 부족이 병을 악화시키는 원인이기 때문에, 매일 의식적으로 몸을 움직이라는 처방을 받았다.

처음에는 의식적으로 몸을 움직이라는 의사의 말을 귀담아듣지 않았지만, 아무것도 하지 않고 있는 사이에 당뇨병이 점차 진행되어 나를 당황스럽게 했다. 그래서 생활 개선의 필요성을 실감하게 되었다.

방송국을 다니던 시절에는 마감 뉴스를 담당하고 있었기 때문에, 새벽 1시에 야식을 먹고 새벽 3시쯤에 잠을 자는 생활의 연속이었다. 과식을 자주 하면서도 운동다운 운동은 해보지 못했으므로 이미 당뇨병에 걸릴 조건은 충분히 갖추고 있었다.

그런 생활을 하다가 회사를 그만두고 독립을 하면서 지금의 생활 패턴으로 바꿔, 아침 체조, 조깅, 수영 등을 습관화했다. 그리고 밤에는 되도록 빨리 자려고 노력했기 때문에 과음과 과식을 할 염려는 없었다.

일반 회사는 보통 9시에서 10시 사이에 업무를 시작하지만 그 시간이면 이미 나는 정보 수집, 운동 그리고 업무, 원고 집필 같은 꼭 해야 하는 일들을 일단락 짓고 출장을 가든지 아니면 사람을 만나기 위해 외출을 한다. 그날의 일 준비도 아침 시간을 이용해서 모두 할 수 있기에 시간적 여유도 생긴다. 아침 일찍 일어나는 것은 낮 시간대의 일에도 여유를 가져다 준다.

레일을 따라 전철이 움직이듯 자기가 설치한 레일 위를 궤도에 따라 움직이는 것이다. 이처럼 습관화는 철도 사업과 비슷한 면이 있는데, 고속으로 전량을 운반하기 위해서는 이 방법이 제일 효율적이다.

어중간한 시간도 사용하기에 따라서 유용하다

시간 활용에 관한 책을 쓰는 저자가 모순된 주장을 한다고 생각할지 모르겠지만, 지금 현재 나의 최대 관심사는 어떻게 '버리는 시간'을 늘리느냐는 것이다. 여기에는 이것을 이용하겠다는 의도가 담겨 있다. 남들은 '버리는 시간'이라고 생각하는 것을 나는 '보너스 시간'이라고 생각하기 때문이다.

1년에 강연회가 200회, TV, 라디오, 잡지 등의 취재에 빼앗기는 시간을 제하고, 줄잡아 2개월 간의 해외 취재, 게다가 회사 경영까지 손대고 있으며, 남는 시간에는 10권 정도의 단행본과 연재할 원고를 어떻게 쓸 것인가 하는 문제에 매일 도전하고 있다. 원고는 당초 워드프로세서로 쳤지만 전자 기기를 사용할 수 없는 비행기의 이착륙 때도 원고를 쓰는 것이 능률적이라는 계산에서 지금은 손으로 직접 쓰고 있다. 기차나 비행기를 타고 있는 동안에는 목적지에 도착할 때까지 '제한된 시간 효과'를 생각해, 분량이 짧은 연재 원고를 집필한다. 그리고 이른 아침처럼 여유 있는 시간대에는 단행본의 집필을 한다. 그 시간대에 맞는 일을 골라서 하는 것이다. 지하철이나 버스처럼 타고 있는 시간이 짧거나 원고 쓰기가 힘든 환경일 경우에는 자료를 읽거나 잡지를 체크한다. 짧은 거리의 이동으로 시간이 어정쩡할 때는 '일부러 천천히 감'으로써 시간을 확보할 수 있다. 도쿄, 나고야를 항상 붐비는 특급 열차가 아닌, 빈 자리가 많은 일반 열차를 타서, 3시간의 집필 시간을 확보한 경우도 있다. 오전 10시 비행기를 탈 경우에도 아침 6시에 하네다 공항으로 간다. 이것도 나의 시간 활용법이다.

아직 러시아워 전이라 하네다까지 가는 전차 안에서 편안하게 독서를 할 수도 있으며, 빨리 수속을 마친 뒤 출발까지 남는 시간에 공항 라운지에서 원고를 쓸 수도 있다. 만약 출발 시간에 겨우 맞춰 수속을 했다면, 전차 안에서도 제시간에 맞춰 갈 수 있을지 없을지 걱정이 되어 책이 눈에 들어올 리 없었을 것이다. 또 러시아워 시간에 걸려 짐 가방을 들고 우왕좌왕하는 결과를 낳고 말았을 것이다.

아침 6시에 항공 회사의 카운터에 가면 '손님이 예약하신 비행기보다 앞서 출발하는 비행기에 빈자리가 있는데, 혹시 바꿔 드릴까요?' 라는 말을 듣는다. '아니 괜찮아요. 여유를 갖고 천천히 가고 싶어요' 라고 말하면 상대는 이상한 눈으로 나를 쳐다본다. 이른 새벽에 공항까지 와 놓고는 10시 비행기로 천천히 가고 싶다고 대답하는 손님은 아마도 나밖에 없을 테니, 상당히 이상하게 보일 게 틀림없다.

그러나 나에게는 비행기 출발 전까지 4시간 정도 원고를 쓸 수 있는 시간적 여유가 생기기 때문에, 공항은 나에게 귀중한 작업실이 된다. 그 외에 호텔 로비, 카페, 레스토랑 같이 테이블만 있다면 나는 그곳이 어디든 간에 원고지를 펼친다. 이런 일들 때문에 나는 전날 밤에 수첩을 보면서 다음날의 일 진행에 대한 작전을 짜 둔다. 이 장소에서는 이 일을, 저 장소에서는 저 일을, 이런 식으로 다음날의 작업 순서를 세심하게 정해서, 가방 안에 넣는 물건에까지 주의를 기울인다.

어느 누구에게나 조금 남는 시간, 소일거리 시간은 있지만 적절한 준비와 사용하는 방법을 몰라 아무렇게나 허비하는 경우가 종종 있다.

일을 시작하기 전에는 '주문'을 걸어 본다

'시작이 좋으면 끝이 좋다'라고 종종 말한다. 하루 시작을 순조롭게 한 날은 기분도 상쾌하고 일정을 소화하는 것도 순조롭다. 특히 새벽 3시부터 아침 9시까지 '황금 같은 6시간'을 잘 소화해 낸 날은 다른 사람보다 3배나 많은 일을 하고 있다는 우월감과 자신감도 생긴다. 반대로 걱정이 있다든지 컨디션이 나쁘고 기분이 가라앉는 날은 페이스를 찾지 못하고 하루를 마감하는 경우도 있다.

프로 야구 감독이 시즌에 들어서면서 말하는 초반의 '순조로운 시작'은 아니지만, 어떻게 쾌조의 시작을 하는가는 분명 승리의 포인트가 될 것이다. 페넌트 레이스의 경우, 전반기에 성적이 저조하다가 후반기 들어 무서운 상승세를 타고 우승하는 팀이 없는 것은 아니지만, 그렇다고 해서 일부러 전반기에 나쁜 성적을 내려는 감독은 아마 없을 것이다. 이왕이면 순조로운 시작이 나쁠 것은 없다.

야구 이야기는 이쯤에서 접기로 하고, 순조롭게 일을 처리하기 위해 '주문'을 걸 필요가 있으며 그 준비 과정을 생각해 보기로 하자. 처음부터 일을 본궤도에 올려 놓기가 어렵기 때문에, 일을 본궤도에 올리기까지의 순서를 '습관화' 함으로써 기분 좋게 일할 수 있는 '분위기'를 조성해 보는 것이다.

    나의 경우, 먼저 비누로 손을 씻는다. 그리고 커피를 마신다. 페퍼민트 과자도 먹는다. 이것으로 준비는 끝이다. 하지만 이것만으로 일할 기분이 나지 않으면, 책상 주위를 정리하고 청소를 하거나 쓰레기통을 비우기도 한다. 즉 물리적인 정리 정돈에 의해 기분을 환기시켜 이제 일을 해야 되겠다는 분위기를 만드는 것이다.

    슬럼프를 일으키는 가장 큰 범인은 피로다. 그래서 나는 슬럼프에 빠지면 잠을 푹 잔 뒤, 다시 한 번 새로운 '아침'을 맞이한다. 적어도 나에게 있어 아침이란 시간은 일이 제일 잘 진행되는 '신앙'과도 같은 시간이기 때문에, 한밤중에라도 그때를 '아침'으로 인식하여 일의 능률이 틀림없이 오를 것이라는 '주문'을 건다.

    그리고 될 수 있는 한 단시간에 할 수 있고 성취도를 한눈에 확인할 수 있는 작업을 처음에 골라서 확실하게 마무리해 나간다. 이렇게 자신감을 가지면 차츰 속도도 빨라져 평상시 나의 페이스로 복귀할 수 있다.

    이런 '자기 암시'는 일종의 위험 관리의 매뉴얼 같은 것이다. 일이 잘될 때는 자기 암시가 없이 일에 몰두할 수 있으니 문제가 없다. 그러나 일이 잘 풀리지 않을 때는 어떻게 해서 다시 본궤도로 진입할 것인가가 시간 관리에서 무엇보다도 중요한 포인트가 된다.

새해 첫날에 기도하는 것도, 프로 야구의 필승 기원도, 모두 이제 시작이라는 일종의 '주문'을 자기 자신에게 거는 것이다. 자신만의 '주문'을 거는 방법을 만들어 두는 것도 때로는 필요하다.

정리가 없으면 시간 관리도 없다

나는 일이야말로 정리라고 생각한다. 아주 크고 중요한 일도 보잘것없는 작은 일들이 모여서 비로소 이루어진다. 그런 하찮고 작은 일들을 하나하나 정리해 가는 과정이 성공에 이르는 지름길이다.

'일을 끝낸다'라고 말하는데, 말 그대로 '끝낸다'는 것은 '정리하다'라는 의미를 담고 있다. 유능한 사람은 선택할 정보와 버릴 정보의 구별을 잘하는 사람 그리고 그런 판단을 빨리 하는 사람을 말한다.

나는 큼지막한 수첩에 해야만 하는 일을 항목별로 포스트잇에 써서 줄줄이 붙여 놓는다고 앞에서 말했다. 일과 관련된 것은 물론 개인적인 것까지 함께 적어 놓는다. 나는 나의 기억력을 절대 신용하지 않기 때문에 '×× 씨에게 전화' '△△ 주간지 구입' 등 아주 사소한 일이라도 여지없이 포스트잇에 적어 둔다.

대체로 꼭 해야만 되는 일을 생각함과 동시에 잊어버리는 경험을 누구나 한두 번쯤 했을 것이다. 아이디어는 때와 장소를 가리지 않고 찾아온다. 그렇기 때문에 나는 외출할 때 항상 포스트잇을 셔츠 주머니에 넣어 둔다. 그리고 집과 사무실의 책상이나 화장실 안 등 이곳저곳에 두고 아이디어가 떠오르면 재빨리 적었다가 수첩에 일목요연하게 붙여 둔다.

꼭 해야만 하는 일들을 메모하는 일은 많은 사람들이 하고 있을지도 모르겠다. 그렇지만 그 메모 자체를 잊어버리는 경우, 하지 않으면 안 되는 일들이 여럿일 때 우선 순위를 매기지 못해서 할 일을 잊어버린 경우도 있을 것이다.

그것이 내가 포스트잇을 사용하는 이유이다. 나는 수첩의 이번 주 스케줄 페이지도 포스트잇으로 모두 도배했다. 뿐만 아니라 붙이는 방법에 따라 해야 하는 일의 우선 순위를 정할 수 있으니 얼마나 합리적인가.

여러분들이 꼭 기억해 두어야 할 것은 '아이디어가 떠오르는 순서'와 '그것을 해야만 하는 순서'가 결코 일치하지 않는다는 사실이다. 이런 차이를 어떻게 해결할 것인가, 이것이 중요한 포인트이다.

시간 관리에도 'Simple is Best'

'꼭 해야만 하는 일'을 전부 포스트잇에 적어서 수첩에 시각화함으로써 우선 순위를 결정하는 것이 나만의 시간 관리법이다. 언제나 손으로 직접 포스트잇의 순서를 정하고 바꾸기 때문에 잊고 그냥 넘어가는 일은 없다. 그리고 무엇을 해야 하는지를 쉽게 확인할 수 있다. 아주 단순한 작업이지만, 지금까지 이 작업으로 인한 실패는 한 번도 경험해 본 적이 없다.

전자수첩 같은 기계를 사용해 볼까 생각도 했지만, 손으로 쓰는 수첩이 한눈에 알아보기 쉬워서 그만뒀다. 무엇보다도 손으로 하는 작업은 빠르다. 아이디어가 떠오른 순간에 곧바로 메모를 해서 수첩에 붙여 두면 끝인 일을, 전자 수첩을 찾아서 작동시키고 입력하려면 얼마나 번거로운가. 또한 영감이 떠올랐을 때 언제나 손에 전자수첩을 들고 있으라는 법도 없고, 하다 보면 입력을 잊어버리는 경우도 생길 것이다. 길을 걷다가, 화장실 안에서도, 셔츠 주머니에 포스트잇만 있으면 그 어떤 상황에서도 잊어버리지 않고 메모를 해 둘 수 있다.

Simple is best. 즉 단순화, 일원화가 정리의 비법이다. 어떤 때는 전자수첩에다, 어떤 때는 종이에다 기록하는 등 장소와 때에 따라 기록하는 방법을 바꾸는 것이 잘못을 일으키는 주된 원인이 된다.

어느 날, 연하장을 정리하다가 학창 시절의 친구 A가 홋카이도로 전근 갔다고 적힌 엽서 한 장을 발견했다. 이런 경험은 누구에게나 있을 것이다. A가 그립다. 오랜만에 한번 만나 보고 싶다는 생각이 들지만, 일부러 그 먼 곳까지 간다는 것은 불가능한 일이다. 이럴 때 나는 수첩을 꺼내 든다. 그렇다, 3개월 뒤에 삿포로에서 회의가 있지. 'A'라고 포스트잇에 적어서 우선 이번 주 스케줄 난에 붙여 둔다. 한가한 시간에 메일을 보내든지 전화를 하기 위해서다. 만약 이번 주에 못한다면 다음 주, 그 다음 주로 옮겨 붙이면 된다.

이윽고 A와 연락이 닿았다. 만남을 약속하고, 3개월 뒤의 삿포로 출장 스케줄 난에 'A와 약속'이라고 쓴 포스트잇을 붙여 둔다. 어쨌거나 지금 단계에서는 당일의 스케줄이 정해지지 않았기 때문에 예정 난에 적어 둘 수가 없다. 확실한 시간이 정해질 때까지 그대로 붙여 두면서 시간 정리를 잊지 않도록 주의를 기울일 필요가 있다. 회의 시간이 결정되어 비행기편과 숙박 장소가 정해지면 다시 A에게 연락하여 약속 시간과 장소를 정한다.

그리고 이 단계에서 포스트잇을 떼어 내고 스케줄 난에 비행기 시간, 회의 시간 등과 함께 연필로 직접 'A와 만남'이라고 적어 넣는다. 예정 단계에서는 연필로, 실제로 스케줄을 소화한 뒤에는 기록 보존을 위해 볼펜으로 다시 적는다. 만약 A와 만나지 못한 경우에는 포스트잇을 다음 번 삿포로 출장 페이지에 옮겨 붙여 둔다.

주변 정리는 머리 정리에도 도움이 된다

'자! 오늘 하루도 힘내자!' 며 기분 좋게 책상 앞으로 간 것까지는 좋은데, 있어야 할 서류가 보이지 않는다든지, 도장이 없다든지, 또는 복사 용지가 떨어져서 작업이 중단되는 상황이 속출하면 곧바로 의욕을 상실하고 만다.

기계가 아닌 이상 보통 사람이 하는 일이기 때문에, 기분이 가라앉으면 능률도 떨어지게 마련이다. 애써 분위기를 잡으려고 하는데, 물건을 찾거나 떨어진 비품을 보충하기 위해서 이리저리 뛰어야 한다면 시간을 잘 사용한다고 보기 힘들다. 예를 들어, 15분 안에 일을 끝내려고 생각했는데, 겨우 15분 중의 절반밖에 일하지 못하고 나머지 시간을 물건을 찾는 데 쓴다면 말이 안 된다.

시간을 효율적으로 사용하고 싶다면 평소부터 주위의 정리 정돈에 신경을 써야만 한다. 여기에서는 '평소'라는 말이 핵심이 된다. 이것은 연말에 한 번만 하는 대청소와는 차원이 다른 이야기다. 그렇다면 무엇을 위해 정리를 하는가? 그것은 일을 보다 능률적으로 하기 위한 기초 작업이다. 필요한 물건이 어디에 있는지 파악하고 있지 않으면 정리는 아무런 의미가 없다. 단순히 깔끔함만을 추구하기 위해서라면 다른 사람을 시켜도 무방하다.

말하자면, 객관적으로 봐서는 흐트러져 있는 방처럼 보일지라도 일을 하기 쉽고 필요한 물건을 손쉽게 찾을 수 있다면, 그 방은 정리가 잘된 방이라고 말할 수 있다는 것이다.

나의 경우, 취재나 강연을 부탁하는 팩스와 우편물이 매일 산더미처럼 쌓인다. 그리고 필요한 시찰이나 회의에 출석하기 위한 자료들도 많다. 평소 사무실을 비울 때가 빈번하기 때문에 비서나 다른 사람들이 봐도 금방 알 수 있도록 정리해 두지 않으면 안 된다.

그래서 나의 책상에는 노트 크기의 서류철이 항상 준비되어 있다. 하나의 안건에 관한 모든 것을 한 서류철에 꽂은 다음 겉면에 포스트잇을 붙이고 날짜를 알아보기 쉽게 매직펜으로 적어 둔다.

★★ 폴더를 이용해 업무를 날짜별로 정리한다.

1안건에 1장의 폴더를 준비해 둔다.

이런 서류철들은 날짜순으로, 예정일이 가까운 것부터 위에 올려놓는다. 단순히 날짜별로 되어 있기 때문에 누구라도 쉽게 찾아낼 수가 있다. 항공권과 호텔 예약 쿠폰, 낱장의 인쇄물 등도 서류철에 정리되어 있기 때문에 오늘 날짜의 서류철을 가지고 나가면 아무런 문제 없이 일을 처리할 수가 있다. 만약 2박 3일의 출장이라면 3일분의 서류철을 가지고 가면 된다. 모든 것을 단순화했기 때문에 깜박 잊어버리는 일도 없다.

노트나 볼펜은 항상 넉넉하게 준비해 둔다. 하나도 남지 않았을 때 사러 가는 것이 아니라, 항상 일정량이 유지된 상태에서 한 자루를 다 쓰면 또 한 자루를 더 보충해 둔다. 그리고 자료집 같은 책들은 테마별로 정리해서 책꽂이에 꽂는다. 단행본 집필을 위한 자료로 사용하는 잡지의 스크랩이나 복사물은 그 책의 타이틀을 붙여 둔 서류 상자에 넣어 둔다.

나만이 이런 일을 할 수 있는 것은 아니다. 여러분들도 자신만의 정리법을 만들 수 있으며 또 진화시켜 나갈 수 있다.

비일상적인 환경에서 평소대로 일하는 요령

연간 200일 이상을 호텔에서 보내는 '출장의 연속'인 나에게 있어서, '평상시와 다른 환경에서의 일상화'는 큰 테마이다. 즉, 집이나 사무실이 아닌 '다른 환경'에서도 평상시와 다름없는 페이스로 지내지 않으면 안 된다는 것이다. 잠자리가 바뀐다고 곧 수면 부족에 빠진다면 좋은 컨디션을 유지하기가 무척 힘들다. 예를 들어, 해외의 호텔에서도 마치 자기 집에서처럼 일하고 생활에 불편함이 없도록 하지 않으면 시간 관리는 꿈도 못 꾼다. 그 때문에 나는 나름대로 몇 가지 궁리를 했다.

먼저, 숙박 리스트를 만든다. 삿포로라면 이 호텔에, 오사카라면 저 호텔에 하는 식으로 정했다. 호텔의 설비나 주변 음식점, 편의점의 배치를 알고 있으면 낯선 땅에서 우왕좌왕하며 쓸데없는 시간을 소비하지 않아도 된다. 또 주로 방에서 일을 하기 때문에 책상이 튼튼한지, 스탠드가 있는지 등도 좋은 숙박지의 기본적인 요건

★★ 출장시 내가 항상 챙겨 두는 것들

보통 때와 같이 일하기 위해 이것들만은 꼭 필요하다.

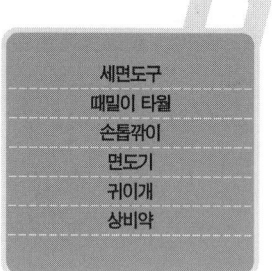

수영복
방한용 셔츠
운동화
예비 안경
휴대 전화의 예비 배터리
스태플러
고무줄
샤프 심
예비 포스트잇

세면도구
때밀이 타월
손톱깎이
면도기
귀이개
상비약

으로 작용한다. 그리고 근처에 그 지방 사람들이 모여서 운동을 하는 공원이 있는지도 살핀다. 이른 아침에 그곳까지 조깅도 하고 그곳에서 운동도 할 수 있기 때문에, 이것 역시 '평상시와 다름없는 생활'을 하기 위한 중요한 요건의 하나이다. 지난달에는 상하이로 출장을 갔는데, 호텔 근처의 공원에서 이른 아침부터 사람들이 태극권을 하고 있는 것을 보고, 나도 같이 끼어서 태극권을 배웠다.

여행지에서도 집에서와 다름없는 생활을 하기 위해서는 휴대용품에 각별히 신경을 써야 한다. 세면도구 가방에는 때밀이 타월에서부터 면도기, 손톱깎이, 귀이개 그리고 상비약까지 가정에서 평소 쓰는 물건들이 준비되어 있다. 수영장이 있으면 수영복, 방한용 운동복 상하의, 운동화, 예비 안경, 휴대 전화의 예비용 배터리 외에, 스테플러, 고무줄, 샤프 심 그리고 사용 빈도가 높은 포스트잇 여유분 등 필요하다고 생각되는 것들은 대부분 가방에 들어 있다.

출장이 단 하루만의 특별한 날이라면 하루 정도 없어도 참을 수 있겠지만, '매일이 출장의 연속'이 되다 보니, 언제 어디서나 사무실과 집에서와 같은 상태를 만들어 주지 않으면 안 된다. 여행지에서 필요한 것이 없어 곤란했던 경험을 하나씩 메모해 뒀다가 그것을 차례로 준비한 결과 지금의 휴대용 비품을 만들 수 있었다.

출장은 특별한 일이 아니라 당연한 일이라는 발상의 전환을 하기까지 출장지에서 일을 처리하지 못해 곤란을 겪은 적도 있지만, 이제는 오히려 집에서 일하는 것보다 더 집중해서 일할 수 있을 정도가 되었다.

내가 개발한 호텔 이용법

나의 숙박 리스트에 들어 있는 호텔은 '미쓰이아반 신지토세'와 '그란비아 오카야마' 처럼 공항이나 역에 직결되어 있는 곳이 많다. 많은 짐을 들고 역에서 걷는다든지 택시를 타는 일은 꽤 번거로운 일이며, 가까운 거리를 가면 택시 운전사로부터 핀잔을 듣기도 한다. 내 돈을 내고 이용하는데 싫은 소리를 들어야 하니 영 내키지 않는다. 더군다나 비나 눈이라도 올라치면……. 그리고 다음날 출발 시간에 임박해서까지 일을 해야 하는 경우도 종종 있기 때문에, 교통이 편리하고 공항이나 역에서 가까운 호텔이 우선 순위의 물망에 오른다.

그렇다면 호텔은 단순히 잠을 자기 위한 장소인가? 결코 그렇지 않다. 나는 사람과 만날 약속을 할 때도 호텔 로비를 이용한다. 내가 머물고 있는 호텔이라면 약속 시간 몇 분 전까지도 방에서 일을 할 수가 있다. 크고 유명한 호텔이라면 상대방에게 장소를 설명할 필요도 없으며, 커피숍에서 만날 때처럼 정기 휴일이나 영업 시간에 신경을 쓰지 않아도 된다. 10분, 15분 정도라면 로비의 소파에 앉아서 이야기를 하면 되고, 30분 이상 걸리면 로비에 있게 마런인 커피숍을 이용하면 된다. 시간이 없을 때는 30분 동안 4~5명의 다른 사람들과 같은 로비에서 만나기로 약속을 정하기도 한다. 내가 이동을 하지 않기 때문에 효율적으로 시간을 활용할 수 있다. 물론 내가 만나러 가지 않으면 결례가 되는 윗사람일 때는 내가 찾아가지만, 어디서 만나도 상관이 없는 단순한 일 관계의 사람을 만날 때는 좋은 방법이다.

긴자에서는 이 호텔, 신주쿠에서는 저 호텔 하는 식으로 몇 개의 호텔을 미리 정해 두면 돌발 상황에서도 주저 않고 약속 장소를 정할 수 있다.

★★ 호텔을 또 하나의 사무실로 이용한다.

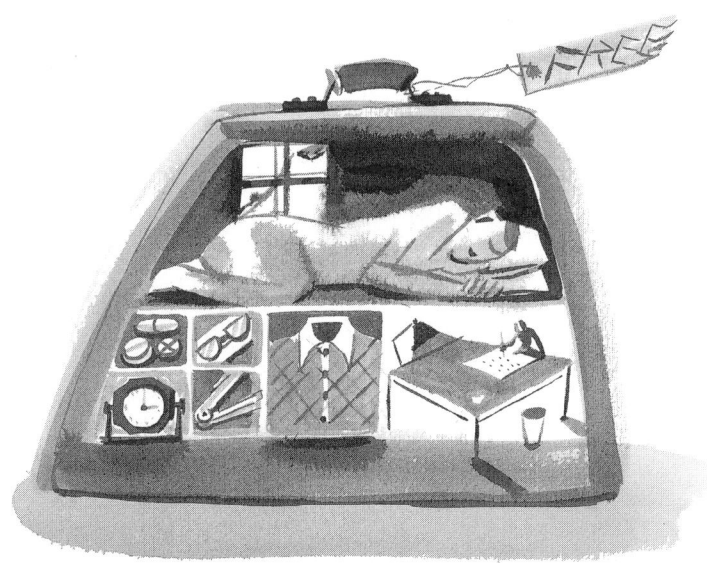

나는 약속이 아니더라도 길을 걷다 시간이 좀 남으면 호텔 커피숍에 들어가서 원고를 쓴다.

간이 음식점이 증가하는 반면에 커피숍은 점점 사라지고 있다. 남아서 겨우 명맥을 유지하는 커피숍도 장삿속에 테이블 간격이 너무 비좁아졌으며, 4인석에 혼자 앉아서 원고를 쓸라치면 노골적으로 싫은 얼굴을 할 때도 많다. 분명 거리의 커피숍에 비해 호텔 커피숍은 가격은 비싸지만 테이블도 넓고 종업원이 싫은 얼굴을 할 가능성도 적다. 그리고 커피도 리필할 수 있기 때문에 오히려 더 경제적일지도 모른다.

무엇보다도 시간다운 시간을 커피숍에서 보내기 위해 돈을 주고 공간을 산 것이다. 이 귀중한 시간을 쓸데없이 허비하고 싶지 않기에 필사적으로 원고를 쓴다. 그렇기 때문에 나에게는 호텔 커피숍은 값싼 투자인 셈이다.

마지막으로, 전국 어디를 가든 도심에 위치한 호텔의 화장실은 넓고 깨끗해서 마음을 안정시키기에 적당하다. 항상 시간에 쫓겨 바쁘게 살아가는 가운데, 적어도 화장실에 갈 때만큼은 마음을 안정시키고 편히 볼일을 볼 수 있는 여유를 가지고 싶다. 만약 지저분하고 좁다든지 아니면 뒷사람이 차례를 기다리고 있는 화장실이라면 오히려 마음이 더 급해지고 짜증스러울 것이다. 그래서 호텔의 화장실은 나에게는 더할 나위 없는 안락한 공간이다.

감기도 '예정대로' 걸려라!?

빡빡한 일정표를 보면서 '만약 감기라도 걸린다면?' 하고 생각하는 것만으로도 앞이 캄캄해진다. 다행스럽게 나는 사회에 나와서부터 지금까지 병으로 일을 쉰 적이 한 번도 없다. 그렇다고 병에 걸리지 않은 것은 결코 아니다. 무슨 말이냐 하면 쉬는 날을 골라서 감기에 걸린다는 말이다. 말도 안 되는 소리라고 생각할지 모르지만, 나도 믿을 수 없는 거짓말 같은 일이 나에게 일어난다.

내가 감기에 걸리는 것은 몇 년 걸러 한 번씩이다. 그것도 꼭 연말연시 휴가 때나 황금 같은 휴가 또는 추석 휴일 때 걸린다. 최근에는 황금 같은 휴가 기간 중 '휴일을 이용해서 내일부터는 해외 취재를 나가야지' 하고 생각한 전날에 걸렸다. 새벽부터 구토가 멈추지 않고 몸은 한기로 떨렸으며 열이 39도까지 올랐다. 전날까지 정신력으로 버텼던 것이, 마치 여행 전 준비를 위한 공백 기간을 골라서 발병한 것 같다. 병원에서 감기 몸살이라는 진단을 받고 영양 주사를 맞았다. 하루 종일 푹 자고 나니 다음날에는 꽤 회복이 된 것 같아서 여행도 예정대로 떠나게 되었다. 평소 긴장을 늦추지 않고 있다가 갑자기 마음을 풀면 피로가 한꺼번에 몰려오는 것일까? 나도 이것만은 왜 그런지 도무지 이유를 모르겠다.

몇 년 전인가 장난으로 포스트잇에 '감기에 걸릴 예정' 이라고 적어 둔 적이 있다. 그랬더니 정말 감기에 걸려 드러눕고 만 것이다. 그리고 다음부터는 이런 장난은 절대 하지 않겠다고 맹세한 기억이 있다. 아마 매일 수첩에 붙어 있는 포스트잇을 보면서 자기 암시에 걸린 것이 아닐까 생각한다.

고작 1년에 한 번, 그것도 하루 정도 누워 있는 정도의 경미한 감기에 걸리고, 당뇨병이 있다고는 하지만 운동과 식생활 개선으로 체중 조절도 무리 없이 하고 있기 때문에 지금 상태로는 건강한 편이라고 생각한다.

아무리 시간 관리를 잘한다고 해도 자리에 누워서는 아무것도 할 수가 없다. 능력은 있지만 체력이 받쳐 주지 못해 결근을 밥먹듯이 한다면 그 사람에 대한 신뢰감이 떨어져, 중요한 프로젝트에는 기용할 수 없다고 상사는 생각할 것이다. 불규칙한 생활을 하면 반드시 리듬이 깨지게 마련이다. 따라서 밤샘 작업은 되도록 피하고 잠이 오면 바로 잔다는 마음가짐을 가져라.

내가 특히 체력 관리 문제를 의식하게 된 것은, 역시 샐러리맨 생활을 그만두고 독립하면서이다. 샐러리맨이라면, 혹시 내가 병에 걸려 회사를 못 나가면 다른 사람이 내 일을 대신 해 줄 것이다. 이것이 조직 사회의 이점이다. 그러나 독립을 하고 나면 그렇게 할 수가 없다. 사장인 나를 대신해 줄 사람은 어디에도 없다. 프로라는 의식을 자각하지 않으면 안 된다. 최근에는 콘서트나 연극을 보러 가는 일이 많은데, 가수나 배우들이 자기 관리에 온 신경을 쓰며 매일같이 무대에 오르는 것을 보면서 그들의 프로 의식을 새삼

느꼈다.

'시간의 달인'을 바꿔 말하면 '자기 관리의 달인'이라고 할 수 있다. 자신에게 주어진 24시간을 관리할 수 있는가 없는가는 바로 자신이 프로라는 인식을 하는가, 못하는가에 달렸다.

시간 관리를 못하는 사람은 인맥도 만들지 못한다

나의 기본 방침은 '부탁 받은 일은 거절하지 않는다'라고 이미 앞에서 말한 바 있다. 같은 날 같은 시간에 서로 다른 모임에 참석해 달라는 부탁을 받는다면 그것은 불가능하겠지만 시간 관리를 통해 조절이 가능하다면 일을 거절하지는 않는다. 적어도 '바빠서 못한다'는 이유 같지 않은 이유로 거절한 적은 지금까지 한 번도 없다.

강연이나 생방송 등을 수락한 이상 언제나 그렇듯이 일정은 빠듯하고, 거의 매달 단행본의 마감 기한이 찾아온다. 그리고 1년 단위로 수락한 잡지 연재가 10권 이상인 상태에서 또다시 새로운 일의 의뢰가 들어온다. 그것을 원칙에 따라 모두 수락하기 때문에, 일을 의뢰하는 사람과 직접 통화하면서 수첩을 펼쳐 놓고 틈이 생기는 시간을 찾는 작업을 한다.

강연을 했던 호텔에 그대로 투숙, 방에 들어가면 그 날은 자고 새벽 3시에 일어나서 체크아웃까지 원고를 집필한다. 그리고 호텔 로비에서 손님을 접대하고 신칸센으로 이동한다. 이동 중에도 물론 원고 집필을 하는 등 빠듯한 스케줄은 계속된다. 처음에 여유가 있는 것처럼 보이던 스케줄도 계속 밀려드는 일정으로 인해 결국에 모험을 하는 꼴이 되어 버린다.

그렇지만 한 번 거절한 곳으로부터는 두 번 다시 일이 오지 않기 마련인지라 힘이 들어도 '부탁 받은 일은 모두 수락한다'는 나의 방침을 고수할 수밖에 없다. 그 일이 탐나서라기보다 인간 관계가 단절되어 버리기 때문에 힘이 드는 것이다. 일단 거절을 하면 분위기도 어색해지고 나아가서는 교제 자체가 소원해지기 쉽다.

얼마만큼 상대에게 말을 하게 만드느냐가 인맥 만들기의 기본이며 중요한 사항이다. 상대를 이용하려는 흑심을 품고 있다면 곧 밝혀지고 말 것이다. 물론 한 번은 이용할 수 있겠지만 두 번째는 통하지 않는다. 오랜 친분을 쌓고 싶다면, 먼저 상대방을 위해 내가 무엇을 해 줄 수 있는가를 생각해야만 한다.

이런 관점에서 생각해 볼 때 부탁 받은 일은 확실하게 해 주지 않으면 안 된다. 그 사람은 틀림없이 일을 수락할 것이며, 항상 마감 약속도 지키며, 바쁠 텐데도 언제나 기대한 만큼 일을 해 준다는 상대방의 믿음은 나의 노력들이 하나씩 쌓여 이룬 결과이다.

함께 술을 마시며 노는 것도 허물없는 인간 관계를 형성하는데 빼놓을 수 없지만, 이 모든 것들은 일을 확실하게 마무리해 준다는 믿음이 있을 때만이 빛을 발한다. 단순한 술친구로는 비즈니스의 인맥을 형성할 수가 없다.

상대에게 믿음을 심어 주기 위해서는 결국 확실하게 일을 처리해야 한다는 대전제가 필요하며, 이것은 시간 개념이 없는 사람에게는 도저히 하기 힘든 일이다.

인맥 유지를 위한 15분의 시간

자기 애인에게 온 정성을 쏟을 수 있는 사람이라면 인맥 형성에는 문제될 게 없다. 그러나 인맥이라는 말 자체가 한두 사람을 뜻하는 것이 아니라 수십 명, 아니 많게는 수백 명이 넘는 사람들과의 교제를 전제로 하지 않으면 안 된다. 우수하다는 영업 사원을 만나서 취재를 해보면, 그들이 고객을 따라다니는 것이 아니라 단골 몇 명이 다른 사람들을 소개시켜 주고 그 고객 중 몇몇이 또 다른 사람을 소개시켜 주는 경우가 거의 대부분이다. 전혀 모르는 사람보다 한 번이라도 만난 사람에게 더욱 신뢰감을 갖기 때문에, 다시 고객이 되어 줄 가능성은 높다.

그렇기 때문에 철저하게 서비스를 하는 것이 '다음' 기회를 만드는 중요한 수단이 된다. 우수한 영업 사원일수록 한 사람이 아니라 여러 명의 고객을 폭넓게 관리하고 있다. 어쨌든 모든 고객들에게 '이 영업 사원은 나에게만 최선을 다해 준다'는 생각을 들게 해야 하기 때문에 필연적으로 시간과의 전쟁을 하지 않을 수 없다.

그래서 우수한 영업 사원일수록 시간의 달인이 많다. 수첩에는 스케줄이 빈틈없이 짜여 있으며 부지런히 돌아다니고, 하찮은 고민이라도 해결해 주려는 긍정적인 자세로 고객을 대한다. 나는 '우수하다'라는 말을 듣는 사람 중에 시간 관념이 없는 사람을 본 적이 없다. 특히 놀란 것은 반응 속도였다. 단 한 번 상담을 했을 뿐인데 그 날로 감사의 전화와 메일이 온다. 상담 중에 무심코 부탁한 아주 사소한 일이나 문의 사항이라도 다음날에는 반드시 회답이 돌아온다. 중요한 상담에 빠르게 대응하는 것도 중요하지만, 이런 사소한 것부터 확실하게 해 주는 것도 신뢰감 형성에 효과적인 방법이다.

나 역시 우수한 영업 사원을 조금이라도 닮기 위해 부지런히 연락을 취해 본다. 특히 상대방에게 성의를 보이기 위해서는 전화나 이-메일보다 엽서를 보내는 것이 훨씬 효과적이라고 생각한다. 최근에는 엽서를 보내는 사람들이 드물기 때문에 자필로 쓴 엽서를 보내면 오히려 상대방에게 강한 인상을 심어 줄 수 있다.

15분이라면 나에게 있어서 엽서 3장 정도를 쓰기에 충분한 시간이다. 1장에 5분 정도. 사실 3분만으로도 충분하지만, 5분이면 확실하게 쓸 수 있다.

오늘 처음 만난 사람과 헤어져 돌아오는 전차 안이나 대합실에서 펜을 든다.

'오늘은 정말 고마웠습니다. 그리고 만나 뵈어서 무척 기뻤습니다. 부족하지만 앞으로도 많은 가르침 부탁드립니다. 환절기에

감기 조심하십시오.'

　엽서 1장이라면 대략 이 정도 분량일 것이다. 글귀도 언제나 비슷하기 때문에 1장 쓰는 데 5분이면 충분하다. 하루에 3장의 엽서를 1년 간 보낸다면 어림잡아 약 1천 장이라는 계산이 나온다. 편지 쓰기에 익숙하지 않은 사람이라면 지레 겁먹을 수도 있지만, 하루에 15분을 할애해서 엽서 쓰는 시간으로 정해 두면 자연스럽게 익숙해질 것이다.

항상 'Yes, we can'의 자세로

의뢰가 들어오는 일을 전부 수락한다는 것은 언제나 Yes, we can이라고 말한다는 의미이다. 물론 수락한 이상은 책임을 져야만 한다. 책임질 자신도 없으면서 입으로만 Yes, we can이라고 말해 버린다면 상대방에게 엄청난 피해를 주는 것은 물론이고 나 또한 상대방에게 신뢰감을 주기는커녕 무시를 당할 수밖에 없다. 그리고 좋지 않은 일은 소문도 빨라서, 약속을 지키지 않는 사람이라는 오명을 벗기가 힘들 것이다. 일단 Yes, we can이라는 말을 뱉었으면 목숨을 걸 각오로 하지 않으면 안 된다.

　문제는 No라는 말을 하는 타이밍이다. 비즈니스 사회에서 No라고 말할 수 있는 기회는 여간해서 찾아오지 않는다. No라는 말

★★ 일을 할때는 Yes, we can을 모토로

No라고 하면 두 번 다시 일은 오지 않는다.

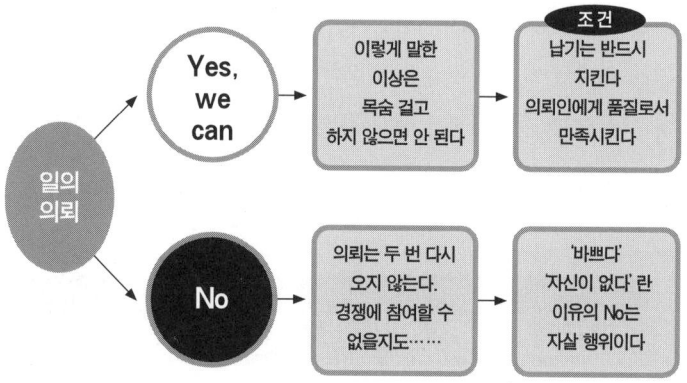

을 입에서 뱉은 순간부터 두 번 다시 경쟁에 참여할 수 없으며 그대로 매장될지도 모른다. 예를 들면 비용을 무시하면서까지 일을 수락하지 않으면 안 될 때도 있다.

사회적 규범이나 신념에 분명히 위반하는 일, 물리적으로 불가능한 일은 어쩔 수 없지만, 나의 재능과 노력에 의해 어떻게든 할 수 있는 일은 Yes, we can이라는 각오로 임하지 않으면, 이 험한 경쟁 사회 안에서 살아남을 수 없다는 마음가짐을 가져야만 한다. '바빠서'라든지 '자신이 없어서'라는 이유로 No라고 거절하는 것은 자살 행위나 다름없다.

물론 능력이 떨어져서 열심히 해도 목표를 달성할 수 없는 경우도 있다. 그러나 여기서 말하는 '달성할 수 없다'에는 2가지 의미가 담겨 있다. 하나는 '기간 내에 하지 못했다'라는 의미, 또 다른 하나는 '하기는 했지만 질적으로 만족시키지는 못했다'라는 의미이다.

 기간 내에 하지 못했다는 것은 언급할 필요조차 없다. 일단 한번 수락한 이상, 약속 시간까지 할 수 있도록 시간 관리를 하는 것은 기본이다. 불의의 사고를 당해 작업이 늦어질 수도 있지만 이것이 핑계거리가 될 수는 없다. 사고는 언제 어디서나 일어날 수 있는 것으로, 사고까지 염두에 두고 약속을 정해야만 한다.

 또 다른 하나인 질적인 만족은 뭐라고 거론하기 힘든 부분이다. 똑같은 것을 두고도 보는 사람에 따라 평가가 달라지기 때문이다. 아무리 자기 자신이 만족한 결과라도, 중요한 것은 의뢰인이 만족하지 못한다면 아무 의미가 없다는 것이다. 하지만 설사 그렇다고 하더라도 이쪽의 성의가 전달되었는지 어떤지는 역시 중요한 문제다. 내가 최선을 다해 얻은 결과이고 의뢰인이 그 성의를 알고 있다면, 설령 이번에는 의뢰인이 충분히 만족하지 못했더라도 다음 기회에 기대를 걸고 다시 일을 의뢰할지도 모른다. 이번이 내가 가진 능력을 100% 다 발휘한 결과라면 그것을 실력으로 생각하고 다음 번에는 더 한층 성장할 수 있기 때문에, 의뢰인이 만족할 만한 결과를 얻을 수 있을 것이다. 중요한 것은 상대방에게 신뢰를 주느냐, 실망을 주느냐이다.

바쁜 사람일수록 많은 일을 할 수 있다

나는 책이 출판되면 언제나 많은 사람들에게 그 책을 선물한다. 그럴 때마다 느끼는 것이 있다. 너무 바쁠 것 같은 대기업 사장님일수록 자필로 쓴 감사장을 보내올 때가 많다는 것이다. 그것도 책의 감상까지 적어 보내 오면 몸둘 바를 모를 지경이다. 정상까지 올라간 사람은, 물론 실력은 두말 할 필요도 없겠지만, 역시 남을 배려하는 세심한 점에서 비범한 면이 있다는 생각을 하게 만든다.

흔히 남에게 무슨 일을 부탁할 때는 가장 바쁠 것 같은 사람에게 부탁하라는 말이 있다. 평소 바쁜 사람은 시간 활용에 있어서 촉각을 곤두세우고 있으며, 일을 진행함에 있어서도 요령이 몸에 배어 있다. 때문에 일 처리도 능숙하며 남으로부터 부탁 받는 것에도 익숙해 있다. 그리고 문제 해결의 요소를 잘 파악하고 있으며 발도 넓다.

반면 한가할 것 같아서 부탁을 들어줄 여유가 있어 보이는 사람일수록 시간을 잘 활용하는 훈련이 되어 있지 않기 때문에, 실제 일은 적지만 본인은 바쁘다고 생각하기 일쑤다. 다른 사람의 상담을 받아 본 경험도 적고 문제 해결력도 부족할 뿐더러, 인맥이라고 부를 만한 것도 없다.

같은 하루 24시간이지만 그 사용 방법에 따라 질적으로 큰 차이가 있다. 어느 쪽이 당신의 부탁을 받고 기대한 만큼의 성과를 가져다 줄 것인지는 말하지 않아도 명확하다.

　흥미로운 것은 많은 사람들이 한결같이 '바쁘다'라고 생각한다는 것이다. 처리할 일이 하나인 사람도 바쁘다고 생각을 하고, 일을 재빠르고 능숙하게 처리하는 사람도 계속해서 새로운 일에 도전을 해야 하기 때문에 역시 바쁘다. 단, 스스로 '바쁘다, 바쁘다'를 외치는 사람은 역시 마음의 여유가 없는 사람이라고 봐야 할 것이다.

　많은 일을 삽시간에 해치우는 사람은 행여 완성도가 떨어질지 모른다고 생각할 수도 있다. 그러나 빠르게 일을 끝내서 마음의 여유가 있기 때문에 다음 일을 시작했을 때 질적인 충실을 기할 수 있다. 결국 빠르면서도 높은 완성도의 결과물을 낳는 것이다.

　'바쁘다(忙)'라는 말의 한자를 풀어 보면 '마음(心)을 잃어버린다(亡)'라고 할 수 있다. 마음의 여유가 없고 '바쁘다'만을 외치고 있는 사람은, 벌써 마음을 잃어버린 것이니 좋은 결과물을 얻을 수 없다.

　중요한 것은 '바쁘지만 즐거운 여유'에 있다. 객관적으로 보기에 바쁜 게 틀림없지만 일을 자기 습관대로, 계획적으로, 하루하루의 일을 전략적으로 생각하는 사람이야말로 진정한 실력자인 것이다. 마음의 여유를 찾지 못하고 시간의 노예가 되는 것이 무엇보다도 어리석은 행동이다.

마감 엄수는 기본 중의 기본이다

약속 시간을 지킨다는 것은 비즈니스에 있어서 기본 중의 기본이라는 것은 이미 몇 번이나 말했다. 그러나 약속 시간을 지켰다고 그것으로 당신의 소임을 다했다고 말할 수 있을까?

지금 '아스쿠루'라는 회사가 급성장하고 있다. 기업에 사무용품을 배달하는 회사로, '오늘 중에 팩스로 주문을 받으면 내일은 배달을 합니다'라는 판매 전략을 내걸고 사업을 시작했다.

'내일이면 주문한 상품이 온다'라는 말에서, 회사 이름을 '아스(明日)쿠루(來)(내일 온다)'로 지었다.

배달이라고는 말하지만, 길거리 여느 문구점에서 팔고 있는 것과 기본적으로 다르지 않은 상품을 과연 누가 주문을 할까라는 당초의 불안을 비웃기라도 하듯 쾌조의 출발을 보였다. 그러나 사업이 점차 확대되면서 고객들로부터 여러 가지 요구 사항이 들어오기 시작했다. 다른 회사의 상품도 취급했으면 좋겠다, 사무용품 이외에 사무실에서 사용하는 상품도 취급했으면 좋겠다, 인터넷으로도 주문을 받았으면 좋겠다 등등.

아스쿠루의 진면목은 이런 요구 사항을 하나씩 수용하여 실적을 한층 확대해 나간 것에 있다. '불가능합니다, 힘들겠군요'라고 절대 말하지 않은 것이다.

아스쿠루는 문구 업체인 '플러스' 사가 시장 경기가 침체된 가운데 어떻게 해서든 활로를 열어 보려는 필사적인 노력 끝에 시작한 자회사이다. 단 한 번이라도 No라고 말했다면 고객은 즉시 떨어져 나갔을 것이다. 어쨌든 아스쿠루의 성공 사례를 보고, 이 분야에 신규로 참여하는 기업이 많이 늘어났다. 'No라고 말하지 않는 아스쿠루'였기 때문에, 고객의 목소리 하나하나에 귀를 기울일 수 있었던 것이다.

'되도록이면 오늘 배달해 주면 더 좋겠는데……' 이런 요청이 많아서, 도쿄에서는 오전 중에 주문 받은 상품은 당일 배달하는 서비스도 실시하고 있다. '아스(明日)쿠루(來)'가 '교우(今日)쿠루(來)(오늘 온다)'로 되었다.

약속 시간을 지키는 것은 최소한의 신용이다. 여유를 가지고 기일에 맞춰 되도록 양질의 상품을 만든 후, 약속 시간보다 하루 이틀이라도 빨리 보낸다. 이럴 때야말로 속도가 가치를 가지게 된다. 다른 많은 라이벌들이 동질의 일을 한다면, 고객은 하루라도 빨리 일을 끝마치는 쪽으로 쏠릴 것이다.

확실하면서 빠르다는 것은 고객에게 큰 믿음을 준다. 나는 연재 원고의 마감일을 표시한 포스트잇을 실제 마감일보다 일주일이나 2주일 전쯤에 붙여 놓는다. 일을 수락한 단계에서 처음부터 내 마음속으로 1년치 마감일을 좀 빠르게 설정해 두면 된다. 예기치 않은 사고가 발생하거나 다른 일이 끼여들어도 마감일에 쫓기지 않고 오히려 더 빨리 보낼 수 있는 비밀이 여기에 있다.

약속 시간 15분 전에 도착하는 것의 이점

나는 약속 시간보다 항상 15분 일찍 도착할 수 있도록 스케줄을 미리 짜 둔다. 작업 시간의 최소 시간인 바로 그 15분이다. 약속은 거의 대부분 호텔의 로비나 커피숍에서 할 때가 많다. 소파에 편하게 앉아 상대방이 올 때까지 약속한 용건을 확인하거나, 수첩을 꺼내 오늘 중으로 해야 하는 일을 빼놓지 않고 했는가를 체크한다. 또는 필요한 전화를 걸거나 엽서를 쓸 때도 있다. 그리고 잠깐 틈이 나는 시간에 읽으려고 가방에 넣어 두었던 잡지나 신문의 스크랩북을 꺼내 읽을 경우도 있다. 엽서도, 스크랩북도 언제나 쉽게 꺼낼 수 있도록 가방에 준비해 두는 것 또한 시간을 허비하지 않는 기술이다.

항상 이렇게 여유를 갖고 상대방을 맞이한다. 만약 그렇지 않고 약속 시간에 늦게 도착했다면 숨을 헐떡이며 변명부터 하지 않으면 안 된다. 그리고 약속한 용건에 관한 이야기도 귀에 잘 들어오지 않을 뿐더러, 오는 동안에도 내내 늦는 것에 대해 신경이 날카로워져 있어서 이동 시간이 '즐겁지 않고 힘든 시간'이었을 것이다. 나는 미리 이 전차에서는 이 원고나 저 잡지를 읽겠다는 등의 스케줄을 짜기 때문에, 지각에 신경을 쓰는 일이 생긴다면 그 시점에서 나의 계획은 엉망진창이 되어 버린다.

★★ 약속 시간 15분 전에는 반드시 도착한다.

약속을 정한 단계에서 실제 약속 시간보다도 15분 빠른 시간을 스케줄 수첩에 적어 두면 간단한 일이다. 전철이 늦어서 지각할 수밖에 없었다는 변명을 하는 사람도 많지만, 이런 사람일수록 처음부터 약속 시간에 겨우 맞춘 스케줄을 짰을 가능성이 많다.

전철은 항상 늦게 마련이다. 약속 시간보다 최소 15분 일찍 도착할 수 있는 전철을 탔더라면, 전철이 조금 늦더라도 대응할 수 있다. 만약 약속 장소가 호텔 로비가 아니라 상대방의 회사일 경우에는, 이 15분 일찍 도착하는 것이 훌륭한 사전 작업이 된다. 회사

주위를 한바퀴 둘러보며 주위 분위기와 출입하는 차량을 살펴보면 사업이 잘되고 있는가, 어떤 내용의 일을 하는가 등을 추측할 수 있다. 회사를 방문하는 목적에 따라 다르겠지만, 이런 방문 직전에 얻은 '예비 지식'이 도움이 되어 담당자와 대화하는 동안 시종 좋은 분위기를 유지할 수 있다.

공장이 있는 회사라면 정면 로비에 그 회사에서 생산한 제품의 샘플이 전시되어 있을 수도 있고 현관에 창업자의 흉상이 서 있을 수도 있다. 여유가 있을 때 이런 것들을 슬쩍 봐 두었다가 명함을 교환한 후 이것에 관해 한두 마디 말을 꺼내면 대화를 부드럽게 시작할 수 있다. 자신의 회사에 관심을 보이는 상대를 좋게 생각하는 것은 당연한 일이다. 아무것도 아닌 15분의 여유가 비즈니스를 원활하게 진행시킨다는 점을 명심하라.

내가 '지각 0'의 기록을 이어 나갈 수 있는 이유

내가 사무실에 출근하는 것은 일주일에 한두 번뿐이다. 그 외 다른 날은 하네다 공항이나 신칸센을 타기 위해 도쿄 역, 신 요코하마 역으로 향한다. 출장의 주요 목적은 전국에서 열리는 강연회이다. 그러나 그 강연회의 거의 대부분이 오후나 저녁 시간에 시작함에도 불구하고, 내가 집을 나서는 시간은 항상 새벽 5시 전후이다. 대체로 목적지에는 점심때쯤이면 도착하므로, 현지에서 몇 시간의 자유 시간을 즐길 수 있다. 일본 전국 어디에서 잠을 자든지 간에 매일 새벽 3시에 일어나므로 5시 출발이 별로 힘들지는 않다. 인터넷으로 날씨를 확인하고, 만일 비행기가 결항할 염려가 있으면 곧바로 기차로 변경하는 등의 대응책을 마련해야 하기 때문에 아침 일찍 일어날 수밖에 없다. 인터넷에서는 주간 일기 예보도 함께 보고 있다.

언젠가 간토 지방에 상륙한 태풍이 후쿠시마, 야마가타로 진행해서 도호쿠 남부에 큰 피해를 입힌 적이 있다. 바로 그 날 공교롭게도 나의 목적지는 야마가타 현 나가이 시였다. 일기 예보에서는 이틀 전부터 간토에서 도호쿠로 태풍이 빠져 나갈 것이라고 예측하고 있었다.

전날 나는 출장지인 간사이에서 도쿄로 돌아가지 않고 태풍의 진로에서 좀 벗어난 호쿠리쿠 도로를 타고 니가타에 여장을 풀었다. 문제의 당일 아침, 쾌청한 니가타에서 TV를 켜 보니 도쿄는 폭풍우에 휩싸여 있었다. 그리고 도호쿠, 야마가타 신칸센은 첫 편부터 운행이 중지되었다.

나는 여러 열차를 갈아타고 간신히 오전 중에 나가이 시에 도착할 수 있었다. 나가이 시는 태풍의 직격탄은 모면했지만 야마가타 신칸센은 오후까지 전면 운행 중지를 했기 때문에 도쿄에서의 직행은 불가능했다. 오후부터 시작하는 강연회는 예정대로 치러졌다. 만약 내가 가지 못했다면 장소 임대비, 광고비 등 모든 것이 날

아갔을 것이며, 주최측은 강연회의 취소를 알리느라 눈코 뜰 새 없었을 것이다. 그 모든 불상사를 막아 준 나에게 모두들 고마워한 것은 말할 필요도 없다.

그래서 나의 어깨는 더욱 무겁다. 누가 뭐라든 1년에 300회 이상의 강연이 있기 때문이다. 기차나 비행기는 연착시 '죄송합니다' 라는 안내 방송 한마디로 끝이지만, 나의 경우는 누구에게도 용서받지 못한다. 어떤 장애물이 나의 앞길을 막더라도, 설사 기어서 가는 한이 있어도 약속 시간에 현지에 없으면 안 된다. 그렇기 때문에 나는 더 더욱 빨리 일어나는 것이다.

교통 수단이 사고로 늦어지면 제2, 제3의 방법으로 목적지에 가야만 하기 때문에 충분한 시간 여유를 가지고 집을 나선다. 겨울에는 홋카이도나 동해 쪽의 스케줄은 아예 잡지 않고 태풍 시즌에는 오키나와와 규슈를 되도록 피하는 등 자기 방어를 하는 한편, 되도록 전날 밤에 목적지에 도착해 호텔에서 일을 하는 습관을 들인다. 이것은 천재지변과 불의의 사고로부터 최소한의 영향만을 받으려는 생활의 지혜이다. 결과적으로는 1년에 200일 동안 호텔 생활을 하고 있지만, 지금까지 지각을 한 적은 한 번도 없다라고 자랑스럽게 말할 수 있다.

남의 일이라 쉽게 생각할지 모르지만, 내 사전에 지각이 없다는 기록은 결코 우연이 아니라 부단한 노력의 산물인 것이다.

출장을 절호의 기회로 삼아라

물론 사고가 매일같이 일어나는 것은 아니다. 그래서 일찍 도착한 여행지에서 시간을 보낼 때가 훨씬 더 많다.

그러나 나는 '시간을 소일한다'는 부정적인 발상으로 나에게 주어진 시간을 보내지는 않는다. 행운인지 불행인지 모르겠지만, 전국을 여행하면서 자유롭게 쓸 수 있는 행복한 시간을 나는 부여받았다.

수첩에 적어 둔 '가고 싶은 곳 리스트'에서 새롭게 생긴 현지의 쇼핑센터와 테마 공원을 골라서 가 본다든지 지역 축제와 박람회, 이벤트 장소도 둘러볼 수가 있다. 나가노 젠코지의 '불상 공개식'과 '오가키세키가하라 박람회', 아와지시마의 '꽃과 녹색 박람회'처럼 일부러 시간을 내서 보러 가기가 어려운 지방의 행사도 이 방법으로 가 볼 수 있었다. 바로 '무언가를 하는 기회에 동시에 하는 방식'인 것이다.

사실 이 방법은 샐러리맨 시절의 출장 때부터 써 왔다. 오사카에서 오후부터 회의를 해야 하는 당일 출장이라도, 도쿄에서 첫 기차로 출발을 해서 늦어도 아침 9시에는 오사카에 도착한다. 회의까지는 3시간 정도의 여유가 있기에 오사카 시내의 첨단 유행 거리를 걸어 볼 수 있다. 금요일의 출장이라면 하룻밤 그곳에 묵고 모처럼

간 오사카에서 다음날 토요일까지 지내는 방법을 썼다.

예전의 국철 전철을 타 보는 취미도 중학생 때부터 시작하여 20여년 동안 꾸준히 해 온 것으로, 사회인이 된 이후에도 출장을 간 김에 아직 타 보지 못한 전철 구간까지도 일부러 가서 주파한 경우가 많다.

물론 출장의 본래 목적에 지장을 줘서는 안 되지만, 일상 생활에서의 도피라고도 말할 수 있는 출장의 기회를 최대한 살려 견문을 넓히는 일은 결코 나쁜 것이 아니다.

강연으로 각지를 돌아다닐 수밖에 없는 현재의 나는, 일찍 도착한 여유 시간을 '예습' 시간으로 활용하고 있다. 현지의 상점가를 걸으며 특산물 공장도 견학하고, 점심에는 그 지방에서만 나는 재료로 만든 음식을 먹으려고 한다. 어디를 가든 똑같은 주제의 강연이 아닌, 되도록 현지 경제 현안의 문제를 골라내서 해결책을 제시하려고 하는데, 그러기 위해서는 단 몇 시간의 '예습'을 빼먹을 수는 없다.

이렇게 생각하면, 일찍 일어나서 빨리 현지에 도착하는 것은 예기치 못한 사고로 인한 지각을 미연에 방지하는 것뿐만 아니라, 취재 활동에 있어서도 큰 의미가 있다. 나는 매일 이처럼 전국 각지를 돌아다니며 귀중한 체험을 가능하게 하는 나의 일에 감사한다.

'거지도 부지런하면 더운밥을 얻어먹는다'는 말이 있듯이, 시간 활용이라는 시각에서 볼 때 장점은 충분하다.

불규칙한 근무 시간을 역으로 이용하라

내가 근무했던 방송국이라는 곳은 불규칙한 근무가 당연한 곳이었다. 나는 대학을 졸업하고 아나운서로 NHK에 입사하여 지방 방송국에서 근무했는데, 그곳의 근무 시간은 상당히 불규칙했다.

주말은 자녀가 있는 선배가 쉬기 때문에, 미혼인 내가 TV, 라디오 뉴스, 일기 예보를 담당하였다. 주 1회는 심야, 아침 뉴스와 긴급 뉴스에 대비해 당직도 마다할 수 없었다. 그밖에 아침 뉴스를 위해 선배들보다 빨리 출근하고 마감 뉴스를 위해 야근도 해야 되기 때문에, 평일에 보통의 샐러리맨처럼 일하는 날은 일주일에 하루밖에 없었다.

불규칙한 가운데서도 나름대로의 규칙을 세워 익숙해지면 아무것도 아니지만, 이런 일과에는 일장일단이 있게 마련이다.

우선, 어디를 가더라도 혼잡하지가 않다.

물론 가족이 없는 미혼이었기에 가능했지만, 수요일 일찍 출근해서 근무가 끝나면, 수요일 오후부터 토요일 오전까지 3일 간은 여유가 생겼다. 경우에 따라서는 토요일 첫 기차를 타고 돌아오더라도, 오전 11시가 출근 시간이기 때문에 어떻게 해서든 근무 시간에는 맞출 수 있다. 일수로 따지면 4일이니, 가벼운 여행에는 충분한 시간이다.

★★ 방송국 근무 시절 일주일 동안의 근무 이동

불규칙한 근무도 이용하기 나름

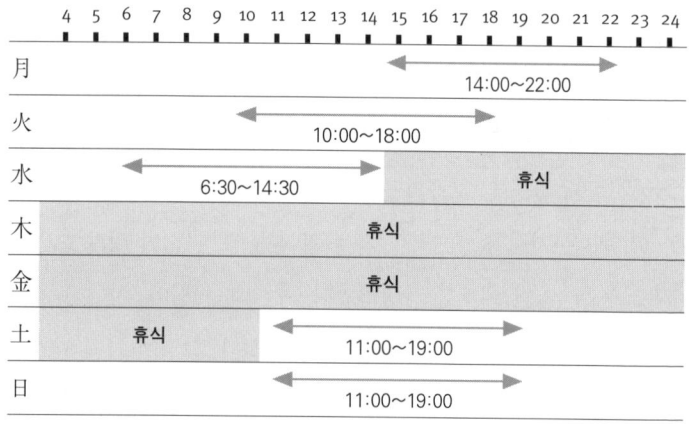

▨을 충분히 활용하면 4일 간의 짧은 여행도 가능하다.

    반대로 단점은, 취재하기 위해 사람을 만나려고 해도, 나의 근무 시간 안에 만나기가 그리 쉽지 않다는 점이다. 나는 스튜디오에 마냥 앉아 있는 아나운서 업무에는 적성이 맞지 않아서, 후에 디렉터와 기자로 보직을 바꿨을 정도였다. 특히 특종을 찾아 거리를 헤매거나 프로그램 기획을 위해 여러 사람들과 만나며 자유롭게 활동하고 싶었지만, 뉴스 시간에 구속된 아나운서로서는 도저히 불가능한 일이었다.

    그래서 발상을 전환했다.

    휴일과 근무 시간 이외의 일을 '출퇴근 카드를 찍지 않는 취재

일'이라고 생각한 것이다. 우습게도 상사로부터 일을 지시 받은 근무 시간보다 나의 호기심으로 움직이는 휴일과 근무 시간 외의 취재 활동이 훨씬 즐거웠다. 즐겁지도, 재미있지도 않았다면 할 엄두가 나지 않았을 것이다. 물론 취재는 전혀 수입이 없었지만, 거기서 발견한 기사가 특종이 된다든가 프로그램이 호평을 받기도 했기 때문에, 아무 쓸모 없는 일은 아니었다고 생각한다. 즉, 불규칙한 근무 덕분에 오히려 자유로운 취재 활동을 할 수 있었던 것이다.

마음먹기에 따라 자유 시간은 얼마든지 만들 수 있다

방송국이라는 곳은 연중무휴 24시간 영업을 하는 곳이기 때문에, 본인이 마음만 먹으면 얼마든지 일을 할 수 있다.

NHK 지방 방송국 근무를 거쳐 도쿄로 전근을 와서는, 오전 6시 대의 리포터와 캐스터의 일을 담당하게 되었다.

시부야 방송 센터에서 회의가 시작되는 시간은 새벽 3시이다. 방송 준비를 하고 무사히 방송을 끝낸 뒤 아침을 먹고 나면 8시. 그리고 곧바로 현지 취재를 떠난다. 당일치기로 지방을 갔다가도 저녁 무렵이면 돌아왔다. 사원 식당에서 저녁을 먹은 뒤, 다음날을 위해 편집된 VTR를 보면서 대본을 쓰고 나면 밤 11시가 된다. 자정이 다돼서 집에 들어가도 그 다음날 새벽 3시에는 어김없이 회의에 출석하지 않으면 안 되기 때문에, 평일에는 NHK 가까이에 있는 호텔에서 숙박을 했다.

이런 생활을 4년 정도 하고, 도쿄 TV로 전직을 하게 되었다. 그런데 여기서 나를 기다리고 있던 일은 기존의 일과는 정반대였다. 밤 11시 뉴스 프로그램을 맡은 것이다. 밤 12시에 회의가 끝나고 퇴근, 집에 가서 두 번째 저녁을 먹고 자는 시간이 새벽 3시였다. 아침 7시에 일어나서 6시 뉴스를 3배속 비디오로 보면서 아침을 먹었다. 8시에 집을 나와 저녁까지 기업 탐방과 현지 취재를 감행, 저녁을 사원 식당에서 먹은 후 저녁 8시부터 회의, 준비, 방송으로 이어진다.

돌이켜 생각해 보니, 방송국, 특히 뉴스 제작 현장에서는 아침부터 밤까지 일이 끊이질 않는다. 평소에도 이러니, 무슨 사건이나 화재라도 일어나면 몇 날 며칠 잠도 잘 수 없는 날들이 이어졌다.

매일같이 14~15시간을 근무하는 셈이 되지만, 그것이 상사가 시키는 일을 충실히 수행하는 것뿐이라면 상당히 힘든 직장일지도 모른다. 실제로 그만두는 사람도 있고, 체력이 약해 사무직으로 이동하는 사람도 있다.

나는 줄기차게 기획서를 제출했다. 처음에는 아나운서가 기획서를 낸다는 것을 낯설게 생각하는 사람들이 많았지만, 그래도 개의치 않고 계속 기획서를 냈더니 점점 기획서를 쓰는 요령이 생겼다. 기획이 하나씩 인정을 받아 프로그램을 통째로 맡게 되면서 디렉터 겸 아나운서라는 직함을 얻었다. 전직 후는 기자, 데스크, 해

설위원이 되었지만, 기본적으로는 내가 흥미 있는 테마를 제안, 기획해서 방송을 제작했다.

그렇기 때문에 근무 시간이 길어도 힘들거나 싫증이 난 적은 없었다. 개인적인 흥미를 프로그램화했던 것이기 때문에 오히려 행복했다고 할 수 있을 것이다. 남들보다 훨씬 긴 근무 시간이었지만 알찬 시간이었음에 틀림없다.

제안이 통과되거나 방송국에서 인정받을 때까지 나는 꾸준히 정보나 자료를 수집해 나갔다. 그래서 업무 시간만으로는 부족한 시간을 아침 방송이나 야간 방송을 이용하여 자유롭게 취재할 수 있는 시간을 만들어 낸 것이다.

제 4 장

성공한 사람에게서 볼 수 있는

시간을 사는 발상 · 파는 발상

진정한 비즈니스맨은 시간을 거래한다

'시간은 공평하게 주어진다' 라는 말은 정말일까?

시간이 누구에게나 평등하게 하루에 24시간 주어진다는 것은 사실일까? 어떻게 보면 사실이지만, 생각하기에 따라서는 반드시 그렇지 않을 수도 있다.

우선, 장수하는 사람과 단명하는 사람과는 절대적으로 그 시간에서 차이가 난다. 또한 주위 사람의 도움을 받는 사람은, 결과적으로 하루를 몇 배로 더 활용할 수 있다. '도움'을 받기 힘들다면 '돈으로 해결'하는 방법도 생각할 수 있다.

알기 쉬운 예로 육아 문제를 들어 보자. 어머니가 된 여성이 육아와 일을 병행하려고 한다. 시간은 한정돼 있기 때문에 근무 시간 중에는 타인의 시간을 빌려야만 육아 문제를 해결할 수 있다. 이때 가까이에 부모님이 계시거나 함께 살고 있다면 우선 부탁해 볼 수 있다. 그렇다면 이 경우에 금전적 보상이 필요할까? 물론 전혀 그렇지 않다고 할 수는 없겠지만 만일 그렇다 해도 마음 정도일 것이다. 조부모 입장에서는 귀여운 손자를 돌보는 일이기 때문에, 오히려 적극적으로 자신의 시간을 제공할지도 모른다. 이런 경우, 여성이 일해서 얻은 수입의 대부분은 그대로 남게 된다.

하지만 부모님의 협력을 받지 못한다면 외부의 보육 시설 등에 맡길 수밖에 없다. 보육 시설을 선택할 때 위치는 좋은지, 근무 시간을 보장받을 수는 있는지 등의 여러 가지 조건을 고려하지 않으면 안 되고, 아이를 맡기는 데 따라 발생되는 비용과 얻어지는 수입을 저울질할 필요성도 생긴다. 그렇게 일해서 비용을 제했을 때 남는 돈이 거의 없다면 과연 계속 일을 하는 게 의미가 있는 것인가에 대해 의구심을 갖게 될 것이다.

물론 탁아 비용이 수입을 넘는다 해도 일에 보람을 느끼고 적자를 감안하면서까지 계속하겠다는 의지가 있는 사람이라면 큰 문제가 되지 않는다. 수입이 적자로 돌아선 이상 계속 일을 진행한다는 것은 이미 일이 아닌 취미의 성격을 띠기 때문이다. 시간을 돈으로 살 경우에는 비용 대 효과를 고려해야만 하기 때문에, 비용으로 인해 일을 포기하게 되는 경우도 생긴다.

하지만 이것은 보통 사람의 얘기다. 재벌이라면 얘기는 다르다. 그들은 비서나 가정부, 운전기사 등 많은 사람을 고용하지만 비용 대 효과에 대한 고민 따위는 할 필요도 없다. 그냥 자신이 해야 될 일을 고용한 타인의 시간으로 대신하면 되기 때문이다. 이렇게 생각할 때, 재벌의 하루와 우리의 하루가 똑같이 24시간이라고 말할 수 있는가?

그러나 나를 포함한 이 책의 많은 독자들은 재벌이 아닐 것이다. 그렇기 때문에 지혜와 재치로 어떻게든 시간을 짜내 보려고 생각하는 것이다.

그리고 중요한 포인트는, 바로 여기서 서술하고 있는 비용 대 효과라는 것이다. 시간을 팔거나 사는 발상은 분명히 있다. 하지만 보통 사람들이 지불할 수 있는 액수에는 한계가 있다. 한정된 돈으로 살 수 있는 시간이란 무엇인가? 이 장에서 여러 가지 사례를 보면서 생각해 보자!

'시간을 판다'라는 새로운 발상의 비즈니스

내가 평소에 자주 찾는 이발소의 이발료는 5천 엔이다. 이발한 뒤 정성껏 머리를 감겨 주고 면도와 마사지까지 해 주는 데 약 1시간 정도 걸린다. 이미 돌아가신 오부치 에조우 씨는 국회 내의 이발소를 각별히 애용하여 휴게실로 이용했다고 하는데, 단순히 이발한다는 원래의 의미에 그치지 않고 '쉴 수 있는 공간' 개념을 부여한 것이다.

반면 '이발이라는 본래 업무'를 겨냥해, 10분에 1천 엔이라고 하는 가격을 세일즈 포인트로 내세운 새로운 스타일의 이발 체인이 도쿄에서부터 붐을 일으켜 전국적으로 체인을 확장시켜 나가고 있다.

'QB 하우스'라는 이 집의 상호는 Quick Barber의 약자이다. 대부분의 체인점이 사무실 주변이나 역내에 자리잡고 있어, 바쁜 현대인에게 단 10분 투자로 이발을 할 수 있다는 점을 강하게 어필하고 있다. 하지만 제아무리 이발하는 데 10분밖에 안 걸린다 해도 기다리는 시간이 길다면 의미가 없다. 그래서 대기실 의자에 센서를 달아, 기다릴 필요가 없을 때는 문 밖에 설치된 램프에 파란 불이 켜지고, 조금 기다려야 할 때는 노란색이, 한참 기다려야 할 때는 빨간색의 불이 켜져, 램프의 색에 따라 기다리는 시간을 표시하는 아이디어를 냈다.

도쿄 역 마루노우치 역내의 QB 하우스는 DPE(Development Printing Enlargement : 초고속 사진 현상소) 가게 등과 같은 초스피드 서비스를 세일즈 포인트로 내세운 가게들과 함께, '시간공방'이라는 공간의 모퉁이에 있다. 전차를 기다리는 시간인 10분이면 이발을 할 수 있다는 장점 때문에 이용자가 상당히 많다. 단지 이발만 할 수 있을 뿐 면도나 샴푸를 할 수는 없다. 빗과 수건도 일회용. 바닥에 떨어진 머리카락은 진공 청소기 같은 기계로 빨아들인다. 철저하게 합리적으로 10분에 1천 엔이라는 비즈니스를 멋지게 성공시킨 것이다.

QB 하우스가 매스컴에 처음 소개되었을 때는 그저 '저렴한 이발소' 쯤으로 인식되었다. 하지만 나는 좀 다르게 보았다. 종전에도 저렴한 가격을 세일즈 포인트로 내세운 이발소는 적잖게 있었다. 그러나 앞서 지적한 것처럼 대기실에 기다리는 사람이 많다면 샐러리맨은 근무 중에 이용하기가 힘들 것이고, 그렇다고 모처럼의 황금 같은 휴일을 이발소 대기실에서 허비한다는 것 또한 너무 아깝지 않은가.

그에 반해 QB 하우스는 '가격'이 아닌 '시간'을 팔고 있는 것이다. 이발 시간은 단 10분에 불과하지만 그 10분을 위해 현대인의 황금 같은 시간을 세심하게 배려하고 있다. 아무리 바쁘다 해도 램프에 파란 불이 켜져 있으면 확실히 10분 만에 '해결된다'는 것이다.

평소 내가 자주 찾는 이발소는 1시간에 5천 엔이다. 서비스에 차이는 있지만, 10분에 1천 엔이라는 것은 60분에 6천 엔, 사실 그다지 저렴한 것은 아니라고 반문하는 사람도 있을 것이다.

하지만 10분이라는 최소 단위에 서비스를 세분화시킨 것이 바로 아이디어인 것이다. 요즘 길을 걷다 보면 10분 단위의 마사지 숍도 종종 볼 수 있다. 나는 평소에 15분 단위로 일을 하기 때문에 이러한 비즈니스에 흥미가 많다. 결코 '쉴 수 있는 공간'은 아니지만, 개념을 바꿔 본다면 다른 계층을 사로잡을 수 있다.

출장지의 호텔 선택도 '비용 대 효과'의 발상으로

술을 마시고 잠들 거라면 어디에서 자나 마찬가지이다. 출장비의 범위 내에서 숙박을 해야 되기 때문에 가능한 저렴한 곳에 머물고 싶어하는 사람이 대부분일 것이다. 하지만 아무리 저렴하다고 해도 너무 더럽거나, 화재나 치안 등 안전성에 문제가 있고, 환락가 중심이라 시끌벅적해서 잠을 잘 수가 없다면 의미가 없다. 아무리 요금이 저렴하다 해도 이렇게 되면 오히려 더 손해를 보는 것이다.

그런 가운데, 도심에서 1박에 6,200엔으로 안전과 숙면을 제공하겠다는 비즈니스 호텔 체인이 생겨났다. 다름 아닌 서일본을 중심으로 워싱턴 호텔 프라자를 경영하고 있는 워싱턴 호텔 주식회사의 'R & B'라는 이름의 호텔이다. Room(방)과 Breakfast(조식)만으로 단순화시켜 제공한다는 R & B는, 프론트 업무를 자동 정산기, 전화는 자동 지불 카드 방식으로 간결하게 했다. 이용자가 적은 나이트 가운 등은 희망자에 한해서만 빌려 준다. 칫솔, 면도기는 제공되지 않는 반면 오리털 이불, 대형 침대, 방마다 온도를 조절할 수 있는 기능 등을 갖추어 숙면 공간 확보에 세심한 신경을 쓰고 있다. 아직은 전국 5곳에 불과하지만 가동률이 높아 앞으로 지점 확장에 더욱 박차를 가할 것 같다.

나도 이 호텔을 이용한 적이 있다. 확실히 느긋하게 잠을 자겠다는 목적이라면 이 호텔은 안성맞춤이며, 이용료도 만족할 만하다.

그러나 호텔을 숙면 공간이 아닌 작업 공간으로까지 생각한다면, 사정은 다르다. R & B의 방에는 의자가 없고 테이블도 작은 물건을 올려 놓을 수 있는 정도인 데다, 방의 밝기도 어두워 일하기에는 적합하지 않다.

특히 나는 계속되는 여행 일정 속에서 원고 쓰는 시간을 확보하지 않으면 안 되기 때문에, 작업 공간 확보라는 기준에서 호텔을 선택해야만 한다.

우선 역이나 공항으로부터 최대한 가깝고, 출발 바로 직전까지 일을 할 수 있어야 한다. 그리고 체크아웃 시간이 정오 정도로 여유가 있고, 회원이 되면 할증 요금을 내지 않고도 오후까지 방에 있을 수 있어야 한다. 책상이 넓고 조명도 충분히 밝아야 한다는 것도 중요한 요소이다.

이러한 조건을 충족시킬 수 있는 호텔이라면 역시 비즈니스 호텔보다는 시티 호텔이 적격이다. 신용 카드 회원으로서의 특전이나 호텔 우대 회원 할인제도 등을 이용해 어떻게든 저렴하게 숙박해 보려고 애쓰지만, 역시 비즈니스 호텔에 숙박하는 것보다는 몇 천엔 더 비싸다.

예를 들어 오사카에 있는 나의 지정 호텔은 조식과 더불어 정오까지 이용이 가능하며, 쿠폰을 사용할 경우에는 1만 6천 엔이다. 이곳은 전망도 좋고 근처 강가에서 조깅을 할 수 있으며 회원 전용 풀장도 이용할 수 있어 일이 잘 진척되므로, 1박으로 통상 12시간은 원고 쓰기에만 전념하고 있다. 12시간의 일터로 생각한다면, 저렴한 것이 아닐까?

내가 일부러 느린 열차를 타는 이유

새벽 3시에 기상하는 나는, 통근 수단으로 전차를 이용하지만 붐벼서 앉지 못한 적은 단 한 번도 없다. '단 한 번도'라고 단언하는 데에 의미가 있다.

전차 안을 작업 공간이라고 정해 놓긴 했지만 앉을 수 없다면 일을 할 수가 없다. 그러니 반드시 자리에 앉아야만 한다. 그래서 사람이 거의 없는 이른 아침에 전차를 이용한다.

그렇다면 출장으로 신칸센 등을 이용해야 할 때는 어떻게 할 것인가? 내 신조는 '여유 있게 가자'이다. 철도를 타고 있는 시간을 단지 목적지까지 가기 위한 '소비 시간'이라고 생각한다면 1초라도 빨리 가고 싶은 생각에 조바심을 낼 것이다. 그러나 '이동 시간이야말로 소중한 작업 시간'이라고 생각한다면, 이동에 시간이 많이 걸리더라도 별 상관이 없다.

원래 일찍 일어나기 때문에 충분한 여유를 갖고 전차를 탈 수 있고, 이동 시간이 '지루한 시간'에서 일에 도움이 되는 '유용한 시간'으로 바뀌기 때문에 시간 활용 면에서도 낭비가 없다.

구체적으로는 동해도의 신칸센이라면 '고다마'를, 동북 신칸센이라면 '나스노'를, 조우에쓰 신칸센이라면 '다니가와'를 이용한다.(고다마·나스노·다니가와는 모두 신칸센의 일반 열차이다.-역주) 이 전차들은 거의 모든 역들에 정차하는데, 그렇다 하더라도 자리에 앉지 못하는 일은 결코 없다.

도쿄에서 신오사카 구간은 일반 열차인 '고다마'로 4시간, 특급 열차인 '노조미'라면 2시간 반이 걸리지만 오히려 고다마로 가는 편이 더 유용하다. 왜냐하면 그 시간 내내 일에 집중할 수 있기 때문이다.

　또 하나의 발상 전환은 1등석의 이용이다. 도쿄에서 신오사카 구간의 1등석 요금은 5,150엔이지만 할인권이나 쿠폰을 이용하면 요금이 저렴해진다. 그래도 일반 좌석과 비교해 보면 훨씬 비싸다. 이때 나는 스스로에게 암시를 준다.

　'이렇게 비싼 1등석을 탄 이상 본전을 뽑자.' 이렇게 암시를 한 후 약 3시간 동안을 맹렬한 기세로 원고를 쓴다. 그렇게 집중해서 돈으로 환산할 수 없을 만큼의 성과를 얻었다면 '비용 대 효과'라는 면에서 성공한 것이 아닐까?

　그러나 늘상 '암시'에 의존할 수는 없다. '암시'의 성과를 효과적으로 사용하기 위해 출장지에서 밤늦게 돌아올 때는 1등석을 이용하지 않는다. 어차피 피곤해서 일을 못하기 때문에 1등석을 타는 것이 의미가 없다는 결론에서다. 내게 1등석은 일의 효과를 높이는 일터로서 가치가 있다. 지쳐서 이동 시간에 잠깐 눈을 붙일 요량이라면 일반석으로도 충분하다. 거금을 들여 1등석을 이용하는 것이 일하는 시간을 확보하기 위해서라면 돈의 사용법으로서 나쁘지 않지만, 거들먹거리며 잠만 자기 위한 것이라면 절감의 대상이 되어야 한다고 생각한다.

급행 열차와 비행기 중 어느 것을?

규제 완화로 인하여 항공 운임이 자율화되면서 각종 할인 요금이 등장하게 되었다. 또한 수급 관계에 따라서도 유연성 있는 요금을 설정하여, 신칸센과 경합하는 구간에서는 과감한 가격 인하 정책을 실시하였다. 그래서 비행기편이 오히려 저렴하다고 생각한 고객들이 대거 비행기로 편승하는 현상이 생겼다.

예를 들어, 도쿄-히로시마 간은 급행 열차를 이용하면, 1만 9,680엔인 데 비해, 항공 할인 운임은 1만 7천 엔이다. 정규 운임은 2만 6천 엔이므로, 할인 정책에 따른 항공기의 가격 경쟁력은 대폭 상승된 것이라 할 수 있다. 실제로 히로시마 공항 이용자 가운데 도쿄 행을 이용하는 승객이 대폭 증가하고 있다.

지금까지 일본에서는 속도 면에서는 비행기가, 정확성과 가격 면에서는 철도가 유리하다는 게 일반적이었지만, 이제는 지금은 비행기를 이용하는 편이 오히려 더 저렴하다는 의견도 나오기 시작했다.

일전에 나는 히로시마로 출장을 갔다. 보통 후쿠오카까지는 비행기를, 히로시마까지는 신칸센을 이용해 왔다. 도쿄를 기점으로 생각할 때, 그것이 시간 대 비용을 최대한 효과적으로 이용하는 것이라고 생각했기 때문이다. 하지만 항공 운임이 대폭 인하되면서 결국 히로시마까지 비행기를 이용하기로 했다.

가는 길은 순조로웠고 히로시마에서의 강연도 무사히 마쳤다. 그리고 다시 도쿄로 돌아가기 위해 시내에서 버스를 1시간쯤 타고 히로시마 공항까지 갔지만, 어이없게도 안개가 짙어 결항이 되어 버렸다. 새로 생긴 히로시마 공항은 산간 지방에 위치하고 있어, 특히 비가 내린 뒤에는 안개가 끼기 쉽다고 한다. 히로시마 시내는 비도 그치고 날이 드는 것 같아서 설마 결항이 될 것이라고는 예상치 못했다.

즉시 택시를 타고 히로시마 역으로 되돌아갔지만 도쿄 행 마지막 급행 열차가 이미 출발한 뒤였다. 결국 히로시마 시내에서 1박을 하게 되었다. 강연을 마치고 돌아오는 터라 그나마 다행이었지, 만약 강연을 하러 가는 비행기였다면 낭패였을 것이다.

이리하여 결국 나는 머리 속에서 히로시마 행 비행기에 대한 생각을 싹 지워 버렸다. 기후 조건으로 결항할 가능성이 높은 아오모리, 아키타 등도 지워 버렸다. 사실 비행기가 결항할 확률은 전체의 겨우 몇 퍼센트에 불과하다. 그러나 겨우 몇 퍼센트라고 해도 열차보다는 그 비율이 훨씬 높기 때문에, 나는 정확성에서 뛰어난 지상 교통을 선택할 수밖에 없다.

나는 '히로시마 공항 결항 사건'을 나의 실수라고 깊이 반성했다. 다행히 일정에는 지장이 없었지만, 히로시마 공항의 지형적 특성상 결항할 가능성이 높다는 것을 미리 예상하지 못했다는 것에는 분명 문제가 있었다.

물론 신칸센이라고 해서 운휴나 연착이 없는 것은 아니다. 하지만 그 확률은 비행기와 비교했을 때 훨씬 낮은 데다, 시간의 여유를 갖고 출발한다면 일에 지장을 줄 가능성은 한층 더 낮아진다. 실제로 철도 사고로 인해 일에 지장을 초래한 적은 단 한 번도 없었다.

'정확성'은 항공기와의 경쟁에서 철도에게 남겨진 최후의 방어선인지도 모른다.

패스트푸드 비즈니스는 시간을 파는 장사

어느 때는 1만 엔 이상 하는 프랑스 요리를 즐기던 사람이, 때에 따라서는 일과 이동의 연속으로 도저히 시간을 내지 못해 어쩔 수 없이 간단한 가락국수나 햄버거로 허기를 달래기도 한다.

1만 엔이나 하는 풀코스의 가치에는 요리의 맛은 물론이고 우아하고 화려한 인테리어, 중량감 있는 포크와 나이프 그리고 웨이터의 세련된 서비스도 포함되어 있다고 생각한다. 즉, 충분한 만족감을 누린 시간의 대가인 셈이다. 반대로 패스트푸드는 시간을 팔고 있는 장사라고 할 수 있다. 어떻게 하면 단시간에 한 끼를 해결할 수 있을까? 그것을 평가하는 사람이 고객이 된다. 물론 저렴하기 때문에 이용하는 사람도 있을 것이다. 하지만 회전초밥의 경우

저렴하긴 하지만 워낙 많은 사람이 몰려 시간을 많이 지체하므로 패스트푸드로서의 의미가 없다.

나는 외출이 잦기 때문에 어디에서 식사를 해결할 것인지가 항상 고민거리다. 가장 곤란할 때는 행렬이 길어서 테이블에 앉을 때까지 시간이 어느 정도 걸릴지 예측하기 어려운 가게를 갔을 때다. 설령 시간이 좀 걸릴 것 같다 해도, '좀'이 어느 정도인지 예측하기 어려우니 난처할 수밖에 없다.

스케줄에 따라 이동하다 보면, 심한 날은 하루 세 끼를 모두 역에서 파는 도시락으로 때우기도 한다. 아무리 시간을 낭비하지 않는다 해도 그리고 철도 여행과 도시락을 좋아한다고 해도, 이 정도면 싫증이 나게 된다. JR 열차에서도 식당차가 차례로 사라지면서, 차내에서는 거의 도시락만 판매되고 있다. 그럼에도 불구하고 차내에서 팔고 있는 따뜻한 음료라고는 고작해야 커피 정도라는 것은 배려가 없는 처사라고 생각된다. 국물은커녕 따뜻한 음료조차 찾아보기 힘들다. 특히 겨울철에는 차가운 도시락을 세 끼나 먹을 바에야 차라리 역에 서서 가락국수를 먹는 편이 낫겠다는 생각을 할 때가 많다.

최근 들어 바로 그 서서 먹는 가락국수로 새로운 마케팅의 발상이 움트기 시작한 것 같다. 지금까지의 서서 먹는 가락국수점은 왠지 모르게 어둠침침한 이미지였고 손님들은 전부 남자들뿐이었다. 그런 까닭에 여성들이 먹고 싶어도 들어갈 엄두를 내지 못하곤 했다. 그래서 일본 엔터프라이스(NRE) 사가, JR 선 동일본의 역

구내에서 운영하고 있는 서서 먹는 가락국수점을 '아지사이'라는 명칭으로 통일, 모든 가게에 의자를 설치하는 한편 종업원도 여성 중심으로 하고 실내도 밝게 하는 등 이미지를 개선하여 여자 손님이나 가족들이 거리낌없이 방문할 수 있도록 했다. 전차를 갈아타는 도중에라도, 간단히 식사를 해결하고 싶다는 잠재적 욕구가 여성들에게도 있다는 사실을 지금까지 미처 깨닫지 못했던 것이다.

서서 먹는 가락국수뿐만 아니라, 지금 JR 역내에는 여러 가지 패스트푸드 비즈니스가 확산되어 그 나름대로 번성을 꾀하고 있는 것 같다. 그러한 비즈니스의 내면에는 시간을 팔고 있다는 개념이 존재하는 것이다.

쾌적한 식사를 원한다면 '시간차 공격'으로

새벽 3시 기상. 첫차도 다니기 전인 4시 반경에 요코하마 집에서 차를 몰고 나와 도쿄의 사무실로 향한다. 거기서 몇 시간 정도 일을 하고 신칸센이나 비행기를 탄다. 내게는 일상적인 생활 습관이다.

이런 꼭두새벽부터 아내에게 아침을 해 달라고 하는 것은 무리다. 게다가 새벽에 일어나자마자 바로 식욕이 나는 것도 아니다. 사무실까지는 차로 약 40분 정도의 거리지만, 도중에 열려 있는 곳이라고는 편의점 7군데와 '요시노가' 정도다.

요시노가는 쇠고기 덮밥으로 유명하다. 편의점에서 주먹밥이나 샌드위치로 아침을 때우기에는 왠지 초라한 느낌이 들어 대부분 요시노가에 차를 세운다. 그러나 역시 아침부터 쇠고기 덮밥을 먹기는 부담스럽다. 주문하는 것은 낫토(푹 삶은 메주콩을 볏짚 꾸러미 등에 넣고 발효시킨 식품-역주) 정식. 낫토에 달걀, 김, 절인 채소 그리고 밥과 된장국이 나오는데 가격은 370엔이다.

언제 가더라도 따뜻한 밥이 준비되어 있다는 것은, 특히 겨울철 같은 때는 고맙기 그지없다. 역내의 차가운 도시락을 먹던 것에 비하면 감지덕지다. 단돈 370엔이지만 상당한 가치가 있다고 생각한다. 게다가 기다려 본 적도 거의 없다. 주문한 지 겨우 5분 남짓. 과연 패스트푸드다.

5시경에 아침을 먹기 때문에 점심 시간이 몹시 기다려진다. 그래서 나는 항상 오전 11시가 지나면 점심을 먹는다. 정오쯤 되면 사람들이 일제히 가게로 몰려들기 때문에 가게 밖에서 기다리게 되거나 아니면 주문한 음식이 제때에 나오지 않아 시계만 쳐다보게 된다.

운 좋게도 샐러리맨 시절부터 점심 시간이 정해져 있는 직장이 아니었다는 사실이 다행이었다. 나는 언제나 오전 11시쯤 '시간차 공격'으로 점심 시간의 혼잡을 피해 왔다. 오전 11시는 레스토랑이 개점하는 시간이라 한산하다. 실은 이때가 평소 분주한 일상을 보내는 내게 있어서 유일하게 느긋한 기분에 잠길 수 있는 시간이다.

프랑스 요리점에 들어가 메뉴를 본다. 점심 메뉴는 저녁과 비

★★ 조용한 점심을 원한다면 오전 11시를 노려라.

교해 가격이 저렴하다. 아직은 이른 시간이라 손님도 뜸하기 때문에 웨이터의 서비스도 좋고 주문한 요리도 신속하게 나온다. 여유 있게 식사를 마치고 디저트까지 다 먹은 뒤 계산할 때쯤 되면 손님들이 북적거리며 들어온다.

저녁 식사를 집에서 할 수 있다면 좋겠지만, 내 경우는 호텔에 숙박하는 일이 많기 때문에 거의 불가능하다. 시간 절약이라는 관점에서 본다면, 단연 룸서비스를 들 수 있다. 체크인하고 바로 룸서비스로 식사를 주문한다. 식사를 기다리는 동안에 샤워를 하고,

짐 정리를 끝낸다. 방이 정돈되고 옷을 다 갈아입을 때쯤이면 식사가 도착한다. 맥주를 마시면서 입맛을 돋운다. 배가 부르면 그대로 잠을 잔다. 비교적 비싼 요금이 마음에 걸리기는 하지만, 일찍 자고 일찍 일어나면 10시간 정도는 그곳에서 일을 더할 수 있기 때문에 '시간을 샀다'고 생각하면 된다.

자주 가는 출장지에 '현지처'를 만들어라!?

'얼마나 빠른 서비스를 제공할 것인가'에 중점을 두는 비즈니스가 있는가 하면, 반대로 '얼마나 쾌적한 시간을 확보할 것인가'에 비중을 두는 비즈니스도 있다.

동일 인물이라 하더라도 경우에 따라 원하는 서비스가 다르기 때문에, 고객의 요구를 파악하는 세심한 마케팅이 요구되는 것은 말할 것도 없다. 또한 이용하는 소비자 입장에서도, TPO(시간(Time)과 장소(Place)와 경우(Opportunity))에 적합한 서비스를 잘 이용함으로서 시간을 만들어 볼 필요성도 있다.

시간 절약의 기본은 긴급 상황에 처했을 때 곤란하지 않도록 어디에 무엇이 있는지 평소에 잘 파악해 두는 것이다. 전차를 갈아타는 짧은 시간에 식사를 해결해야 할 상황. 가게는 어디에 있는가? 개똥도 약에 쓰려면 없다고, 낯선 곳에서 급하게 찾으려면 도

무지 눈에 띄지 않는다. 서성거리는 동안 시간은 흐르고……. 가까스로 가게를 찾았다 해도 이미 짧은 그 시간이 다 지나고 난 뒤이다.

식사 장소뿐만이 아니다. 자주 이용하는 거리의 은행 현금 지급기, 우체국, 편의점, 물품 보관함, 이용하기 쉬운 화장실, 약속 장소로 만나는 호텔 등이 어디에 있는지 평상시에 체크해 둔다면 급할 때 난처하지 않을 것이다. 다시 말해 지리에 밝아야 한다는 것이다. 일상적으로 출퇴근이나 쇼핑 장소로 이용하는 번화가라면 꿰뚫고 있더라도, 출장지 주변 지리까지 그렇게 알 수는 없다. 예를 들어 나는 나고야에 자주 간다. 언젠가 아내와 함께 나고야로 갈 기회가 생겨 나고야의 '현지처'를 소개하기로 했다.

'현지처'는 내 단골 숙소 옆에 있는, 일본 음식을 전문으로 하는 카페테리아 레스토랑이다. 카페테리아 형식이기 때문에 언제라도 기다릴 필요가 없다. 게다가 심야까지 찌개나 구운 생선 등의 가정 요리를 맛볼 수 있으므로, 내 끼니를 챙겨 주는 곳이라는 의미에서 '현지처'라 부르고 있다. '본처'도 이 가게의 편의성에는 충분히 납득하는 것 같았다.

나는 출장지의 주변에 이러한 '현지처'를 많이 확보하고 있다. 매번 낯선 거리에서 식사를 해결하기 위해 식당을 찾는다는 것은 보통 일이 아니기 때문에, 좋은 가게를 알게 되면 그 즉시 수첩에 메모를 해서 한눈에 알 수 있게 한다.

자주 가는 호텔도 그러한 기준에 따라 선정한 것이다. 방의 설비나 요금뿐 아니라 교통편, 근처에 식사를 할 수 있는 식당이나 편의점은 있는가 등의 여러 가지 조건을 체크한 뒤 몇 개의 호텔 중에서 고른 결과 현재의 지정 호텔이 된 것이다.

지리를 잘 알기 위해서는 평소부터 주의 깊게 관찰할 필요가 있다. 인터넷으로 지도 검색을 하면 편리하겠지만 그것만 보고는 지하철이나 버스를 자유자재로 탈 재간이 없다.

나는 낯선 거리에 가면 상점 거리 등을 열심히 걸어다니면서 주변 환경을 머리와 다리로 기억하도록 하고 있다. 물론 그것은 반드시 필요해서라기보다는 호기심에 의한 것임에 틀림없다.

시간 요구를 충족시킨 히트 상품이란?

지금까지 소개했던 것 이외에도, 우리들 주위에는 시간을 핵심으로 한 비즈니스가 많이 있다. 다시 말하면 그만큼 소비자의 구매 동기 속에 '시간'이라는 것이 중요하게 자리잡고 있다는 것이다.

2000년 1/4분기까지 10개월 연속 수익 증대를 일구어 낸 야마토 운수. 경제 성장이 멈추고 법인 화물은 줄어드는 실정 속에서도 계속해서 실적을 향상시킬 수 있었던 것은 개인을 상대로 한 '택배업'이 있었기 때문에 가능했다. 이는 우편 소포 분야를 추가한다 해도 전체의 40% 이상을 차지하고 있다.

특히 여기에서 호평받는 것은, '시간대별 배달 서비스'이다. 이것은 배달 시간대를 오전, 정오부터 14시, 14시부터 16시, 16시부터 18시, 18시부터 20시, 20시부터 22시의 6가지로 나누어, 보내는 사람이 시간대를 선택하는 것이다. '택배' '쿨 택배' 등이 대상이 되고, 이 서비스에 따른 추가 비용은 없다.

야마토 운수가 택배를 시작했을 때 업계는 냉담했다. 언제 발생할지 모르는 개인의 운송물을 위해서 전국에 네트워크를 설치한다는 것은 무모한 처사라는 생각이 주류였다. 그러나 야마토 운수는, 우선 네트워크를 만들고 나면 주문은 자연히 따라올 것이라는 역전의 발상을 취해, 보란 듯이 성공시켰다. 그리고 그것은 그 뒤의 쿨 택배 등에서도 마찬가지로 적용되었다. 그런 서비스가 있다면 꼭 한 번 이용해 보고 싶다고 하는 고객이 늘어나면서부터 정착은 의외로 쉬웠다. 이러한 시간대 배달 서비스가 성공한 것은, 세심하게 시간을 지정할 수만 있다면 고객 서비스의 질을 향상시킬 수 있다고 판단한 통신 판매 회사들의 이용이 급증했기 때문이다.

오늘 보내면 반드시 내일(일부는 모레) 도착한다는 명확성. 특히 어김없이 배달된다는 신뢰감을 형성해, 마침내 골프나 스키 도구까지도 보내는 사람이 생기게 된 것이다. 그리고 더 나아가 배달 시간까지 지정할 수 있다면 비즈니스에 적용할 수 있겠다라고 생각하는 사람이 나오는 것도 당연하다. 이렇게 택배는 시간이라는 부가가치를 덧붙여 새로운 마케팅을 창조했다고 할 수 있다.

확실히 '시간은 돈'이다. 내일 몇 시쯤에 도착합니다,라고 하는 것은 고객에 대한 약속이다.

그 약속에 대한 신뢰감이 있기에 비즈니스는 성장한다. 또한 약속을 이행함으로써 다음 이용을 재차 촉진시키는 결과가 된다.

이것은 비단 택배업뿐만이 아니라 모든 비즈니스에 적용된다고, 나는 이 책에서 거듭 호소했다. 2개의 경쟁업체가 있다고 하자. 어느 한 쪽을 선정해야 된다면 납기일을 확실하게 지키는 쪽을 선택하는 것은 당연할 것이다. 일하는 수준은 어떤가? 가격은? 이러한 반문을 던지는 사람도 있겠지만, 수준이 떨어진다면 아예 처음부터 제외 대상이다. 또 아무리 가격이 저렴하다고 해도 납기일을 잘 지키지 못한다면 이것 또한 가치가 없으니 수준이 뒤떨어지는 것과도 같은 맥락이다.

'시간에의 집착'이 아사히 맥주를 약진시켰다

한 가지 더 예를 들자면, 시간에 집착해서 업적을 크게 신장시킨 회사가 있다. 그것이 바로 아사히 맥주다.

맥주라는 상품은 생산일부터 일정 기한이 지나면 맛이 떨어지는 특성이 있다. 일찍이 기린 맥주의 압도적인 강세에 눌려 아사히 맥주의 실적이 저조했을 무렵, 아사히 맥주는 판매 부진으로 재고가 산더미같이 쌓였다. 재고로 쌓인 맥주는 일정 기한이 지나자 고

유의 맛을 잃게 되어 점점 더 판매가 어려워지는 등 악순환의 연속이었다.

그 아사히 맥주가 '수퍼드라이'의 등장으로 되살아난 것이 1987년, 한때 10%를 하회하던 아사히의 판매량은 불과 2년 만에 24%까지 올라섰다. 하지만 1990년에 들어서자 라이벌인 기린 맥주가 '이치방 시보리'를 투입하는 등 필사적으로 판매 경쟁에 박차를 가했기 때문에, 절정에 올랐던 수퍼드라이의 위세에도 어둠이 깔리기 시작했다. 한번 위세가 꺾인 상품이 재차 빛을 발한다는 것은 극히 어려운 일이다. 그러나 수퍼드라이의 본격적인 위력은 그 뒤 거듭 부활하면서 눈부시게 나타났다.

그것은 바로 신선도였다. '맥주는 신선한 것일수록 맛이 좋다. 그래서 어떻게 하면 금방 만든 맥주를 고객이 있는 곳까지 전해 줄 수 있을까에 대해 철저하게 분석했다.

당시 수퍼드라이는 공장에서 만들어져 가게에 진열되기까지 평균 12일쯤 걸렸다. 수요 예측을 잘못하면 남거나 품절될 가능성이 있기 때문에, 생산한 맥주를 공장 안에서 저장시키고 있었던 것이다. 하지만 기후, 경기, 더 나아가서는 지역 행사나 캠페인 등을 치밀하게 분석한 결과, 1년 뒤에는 공장 출하까지의 5, 6일을 단축시킬 수 있었다. 더욱이 회사의 합리적인 사무 처리로 정보의 흐름을 즉각 포착해, 마켓 스태프라 불리는 여성 파트타이머가 주점을 방문하여 오래된 맥주를 회수하고, 도·소매점을 포함한 유통 전체를 초단순화시켰다. 현재는 제조에서 진열까지 7일 걸려, 마치

막 출하된 것 같은 신선도가 유지되고 있다.

아사히 맥주가 개혁에 큰 성과를 거둔 뒤로 수퍼드라이의 매상은 월등히 높아졌고, 이윽고 아사히는 맥주 업계에서 눈부신 도약을 하였다. 맥주의 생산에서부터 판매에 이르는 진행 과정에 시간 관리 개념을 도입한 것이 아사히 맥주가 약진하는 열쇠였던 것이다. 그들이 단순히 구호만 외쳐 댄 것이 아니라 획기적인 경영이라 불릴 만한, 제조에서 소매까지의 수급 관리 시스템을 도입하여 근본부터 구조를 재검토한 것은 간과할 수 없는 일이다.

개인의 시간 관리도 이와 마찬가지이다. 무조건 힘내자고 외칠 것이 아니라, 하루 24시간을 어떻게 보내야 하는지 근본부터 개선하고 진지하게 관리할 필요가 있다.

시간 단축 효과로 리스크를 낮춘 수영복 업계

여름용 상품은 겨울에 만들고 반대로 겨울용 상품은 여름에 만든다. 예전에는 이것이 하나의 상식이었다. 비수기에 대량으로 만들어 시즌 개막과 함께 일제히 방출하는 것이다.

그 대표적인 상품이 바로 여성 수영복이다. 하지만 겨울에 만들다 보면 아무래도 디자인이나 색감 등을 선정할 때 전년의 히트 상품에 영향을 받기가 쉽다. 그러나 이것은 혹시라도 유행이 확 바뀌기라도 하면 재고가 순식간에 산처럼 쌓이는 위험을 안고 있다. 또한 실제로 자금을 회수하기까지도 시간이 걸리기 때문에 재료비, 인건비, 창고비 등의 비용 부담도 무시할 수 없다.

그래서 대책을 세워야만 한다. 우선 3, 4월에 걸쳐 신제품 수영복을 코너에 전시한다. 패션의 최첨단을 주도한다고 할 수 있는 도쿄 긴자나 오사카 번화가의 가게들에 진열하여 유행에 민감한 사람들에게 강하게 표현을 한다. 물론 그에 따른 전시회를 열고, 이 시기를 맞춰 신문이나 패션 잡지 등에 의도적으로 패션 최신 정보를 거론하도록 조작하는 것도 잊지 않는다. 황금 연휴에 하와이 등으로 여행을 계획한 사람들은 그런 광고를 보고 모여들 것이다.

그리고 황금 연휴가 끝난 5월의 둘째 주, 각 수영복 업체에서는 인기 상품을 집계해서 금년 여름의 유행 경향을 세밀하게 분석한 결과를 바탕으로 본격적인 생산 가동에 들어간다. 공장은 일본 국내의 협력 공장으로 사전에 물색해 둔다. 5월 중순부터 한 달이라는 짧은 기간 동안 단숨에 만들어 즉시 가게에 진열해야 하기 때문에 운송에 시간이 많이 걸리는 아시아 각지의 공장들은 이런 생산 방식에는 적합하지 않다.

이 방법이라면 전년의 경향이 아니라 최근의 패션 경향에 입각해 만들기 때문에 예상을 빗나가는 사례가 적다. 또한 만들어서 판매할 때까지의 기간이 극히 짧기 때문에 금리 부담을 최소한으로 줄일 수 있다는 장점도 있다. 이것을 QR(Quick Response)라고 한다. 생산에서부터 판매까지의 시간을 단축시키는 것으로, 유행

할 상품을 조금이라도 저렴한 가격에 공급한다는 것이다.

흔히 홈런을 친 야구 선수가 인터뷰에서 '공을 끌어당겨 치라는 감독님의 지시대로 쳤을 뿐입니다' 라고 대답을 한다. '끌어당겨 쳐라' 는 기술적인 의미는 정확히 잘 모르겠지만, 만일 '목표를 정해서 집중력을 높여 힘껏 때린다' 고 해석한다면 QR와도 비슷하다는 생각이 든다. 마땅히 해야 할 일을 가려내, 집중력을 높여 단시간에 해치워 버린다는 의미.

우리가 일을 진행하는 방법에 있어서도, 이것은 매우 이상적이지 않을까?

시간 매니지먼트로 이득을 보는 특별한 장사

택시 운전사라는 직업은 더없이 평등한 직업이라고 생각한다. 고참도, 신참도 주어진 자원이라고는 차와 시간뿐이다. 면허 취득 자격 이외에는 학력도, 출신도 모두 불문한다. 특정 연고로 인해 수입에 차이가 생기는 등의 일도 없다.

그런데 대개 어느 사업장을 가서 물어 봐도 성적이 좋은 사람은 항상 좋고, 나쁜 사람은 대체로 항상 나쁘다고 한다. 여기에 흥미를 느끼고 TV 프로그램에서 한 번 거론한 적이 있다. 성적이 나쁜 사람에게, 성적이 좋은 사람들의 일하는 모습이 어떤지를 물어 보았더니 '그들은 점심도 굶어 가며 미친 듯이 달리기만 합니다' 라는 대답이 많았다. 하지만 내가 성적이 우수하다는 운전 기사의 하루 일과를 밀착 취재해 본 결과, 결코 그렇지 않았다. 그들은 그저 주어진 시간을 최대한으로 이용하기 위해 지혜를 짜 낼 줄 아는 그런 사람들이었다.

A씨는 수도권에서 소형 택시를 몰고 있다. 요금이 싼 소형 택시는 매출이 적기 때문에 모두가 기피하는 가운데, 그는 반대로 그것을 장점으로 살렸다. 수도권에는 소형 택시와 중형 택시의 정류장이 구분되어 있는 곳이 그리 많지 않다. 그 몇 안 되는 정류장 중의 하나가 신주쿠 니시쿠치 지하 파출소 앞이다. A씨는 아침 7시 경부터 이곳에 주차를 시키고 대기한다. 굳이 소형 택시에 승차하려는 이용자를 노리는 것이다.

사실 이곳의 단골 손님은 1킬로미터 정도 떨어진 종합병원으로 가는 환자들이다. 걸어서 갈 수 없는 거리는 아니지만, 어쨌든 병원에 갈 정도이기 때문에 몸 상태가 좋지 않은 사람이거나 고령자가 많다. 더구나 연금 생활자들은 조금이라도 저렴한 소형 택시를 선호하기 때문에, 소형 택시 정류장 손님의 상당수가 이 병원의 환자들이다.

다른 운전 기사들의 경우 1킬로미터 거리의 손님을 기피하는 경향이 있다. 반면 A씨는 병원까지는 신호도 적고 정체되는 일도 없으며 기껏해야 5분도 채 걸리지 않는 데다가 굳이 소형을 기다리는 사람이 많기 때문에 빈 차로 손님을 기다리는 시간도 거의 없다고 한다. 왕복 운행을 한다면, 충분히 실속 있는 장사가 되는 것이다.

특히 오전 10시쯤 되면 진료를 끝낸 환자들이 반대로 신주쿠 역까지 나오기 위해 줄을 서기 때문에, 갈 때도 올 때도 항상 손님을 태우는 아주 실속 있는 장사인 셈이다. 이렇게 오후 2시경까지 40~50회 정도의 왕복 운행으로, 하루 목표 금액의 8할 남짓을 벌고 있다. 병원에 가는 사람의 수는 거의 큰 변동이 없기 때문에, A씨의 비즈니스에는 기복이 적다는 것도 하나의 특징이다.

★★ 택시 운전사도 시간을 어떻게 운영하느냐에 따라 큰 차이를 본다.

밤의 장거리 손님을 노리면서 낮에는 공원 근처에서 낮잠을 자는 한탕주의 운전 기사가 많다. 그런 기사일수록 불경기로 인해 잔업이나 접대가 줄어 택시를 이용하는 사람이 적어졌다고, 아니면 심야의 취객이 적어졌다고 탄식하지 않을까?

토끼와 거북이의 우화는 아니지만, 성실하게 일하는 것이 얼마나 중요한 것인가를 A씨는 일깨워 주었다.

주어진 자원이 같다 해도 노력에 따라 실적은 크게 바뀌는 법이다. 시간을 어떻게 운영할 것인가를 스스로 묻는 계기가 될 것이다.

'한정 기획 상품'은 큰 판촉 효과를 갖는다

아무리 불황이라 해도 일본은 쌀, 된장, 간장을 손에 넣을 수 없어 식료품 가게 앞에 줄지어 설 정도의 나라는 아니다. 유행하고 있는 제품인 휴대폰, 퍼스널 컴퓨터, 게임기 등이 있으면 편리하고 즐겁지만 없다고 해도 살아가는 데는 전혀 지장이 없다.

가게도 마찬가지다. 굳이 말을 하자면, 불요불급한 물건을 파는 잡화점 혹은 잡화와 비슷한 물건들을 파는 가게들이 번성하고 있다. 100엔 숍, 무인 상점, 재고 전자제품 할인 마트…….

'마츠모토 키요시'도 역시 생활 필수품이라 할 수 있는 의약 판매를 줄이고, 여고생에게 인기 있는 잡화를 중심으로 물건의 구색을 갖추어 성장한 가게다. 사장 스스로 '우리 가게의 구매 부장은 여고생'이라고 할 정도다.

경기가 침체되고 소비자들의 수입이 줄었다는 이유에서, 생활필수품은 이미 어느 정도 구비되어 있기 때문에 특정한 일이 없는 한 좀처럼 낭비하지 않는다.

휴일에 백화점이나 쇼핑센터를 걷고 있는 사람들을 살펴보기 바란다. 대부분의 사람이 그저 '구경'만 할 뿐이다. 갖고 싶은 물건이 있다고 해서, 그것을 손에 넣기 위해 분발해서 저금을 하고 한 푼 두푼 모은 돼지 저금통을 감싸 안고 달려오는 사람은 극히 드물 것이다. 대다수의 소비자는 '원하는 것을 구하러' 가게에 온다기보다 '원하는 것이 무엇인지 알아보기 위해' 가게에 온다.

그러한 소비자의 시선을 어떻게 사로잡을 것인가? 그런 아이디어가 요구된다. 그 중의 하나가 '시간 한정'을 내세운 판촉 행사이다. 크리스마스나 어버이날을 비롯해 정월 대보름, 밸런타인 데이, 또는 생일이나 결혼기념일 등의 여러 가지 기획을 만들어서 소비를 부추기는 것이다. 평소에는 심리적 욕구만 갖고 있을 뿐 애써 벌은 돈을 아끼는 사람일지라도, 적어도 '기념일' 같은 때는 약간 사치스러운 물건을 구입해 보고 싶다는 욕구를 갖게 된다.

또한 '계절 한정'이라는 것도 충동 구매를 유도하는 데 있어 큰 효과가 있다. 언제, 어디에서나 쉽게 손에 넣을 수 있는 것이 아니다. 제철 소재, 게다가 본고장에서만 볼 수 있는 물건을 손에 넣을 수 있는 절호의 기회라고 한다면, 누구나 그 기회를 잡으려 할 것이다. 해금기 때의 복어나 게, 햇차, 또는 갓 따낸 밤으로 만든 과자 등이 여기에 해당한다. 새로운 물건은 대체로 가격이 높은 편이지만, 고객은 기분이 고조된 상태이기 때문에 가격에 그리 연연하지 않는다. 물건이 없어서 할 수 없이 사는 것이 아니라, 다른 사람이 손에 넣지 못하는 것을 샀다는 만족감 때문에 그 효과는 더욱 높다. 이렇게 생각할 때, 비즈니스에서 중요한 것은 절묘한 타이밍과 적절한 수단에 달렸다고 생각하지 않을 수 없다.

또 다른 시간 비즈니스 - 시간 多 소비

근래의 경기를 봤을 때 수요의 증가는 쉽게 이루어지지 않을 것이다. 무엇이든 만들기만 하면 바로 팔리는 경제가 아니라는 점만은 틀림없다. 나는 유일하게 늘어가는 자원은 '시간'이라고 생각한다.

일찍이 '24시간 일하십니까?'라는 말을 듣던 기업 전사들도 잔업이나 특근이 줄었다. 접대 골프나 사업상의 마작도 적어져 집에서 보내는 시간이 늘고 있다. 게다가 '날마다 일요일'이라는 정년 퇴직자의 수는 고령 사회가 본격화되면서 계속 증가하고 있는 추세다. 한 사람의 하루는 24시간으로 변하지 않는 것처럼 보이지만, 사실 '소일하는 시간'이 증가함으로써 상대적인 시간은 많아진

느낌이다.

그런 시점에서 교외의 간선도로를 따라 줄지어 늘어선 가게를 보고 있으면 매우 흥미롭다. 낚시 도구, 골프, 야외 스포츠, 집 수리점, 셀프 수리점, 정원 관리 숍, 애완용 동물 관련 서점, CD 임대점, 오락실, 노래방······. 업종은 제각기 다른 것처럼 보여도, 일단 손님의 발길을 잡을 수만 있다면 서로 연관되는 물품을 팔 수 있는, 한마디로 공생이 가능한 비즈니스인 것이다. 굳이 이름을 붙인다면, '시간 다 소비 비즈니스'이다. 여행 업계나 캐주얼 웨어를 파는 비즈니스도 같은 맥락이라 할 수 있다.

예를 들어, 실생활에서 자전거 이용이 줄어드는 가운데 주말에 자전거를 타며 즐기고 싶어하는 중고생들이 늘고 있고, 시장에서 그들의 수요는 상당수에 이르고 있다. '취미로 타는 자전거'는 확실한 '시간 다 소비 비즈니스'이다.

또한 최근에는 '성인을 위한 피아노 교실'이 인기라고 한다. 어린이들의 인원 감소로 인해 '어린이 음악 교실'은 정체를 보이고 있었다. 이때 어린 시절부터 악기에 관심은 많았지만 경제적으로 여유가 없어 미련만 안고 살아가던 중장년들이 경제적·시간적으로도 여유가 생기자 40, 50세의 나이에 만학에 도전하려는 유형이 많아졌다. 이에 발맞춰 피아노 생산업체도 아파트에서 혹은 한밤중에도 연주할 수 있도록, 헤드폰을 통해 소리가 나오는 상품을 출시하여 인기를 끌고 있다.

이것 역시 '시간을 판다'의 발상이다. 비즈니스는 달라도, '소일하는 시간의 증가에 어떻게 대응할 것인가는 앞으로 상품 개발이나 창업 등에 있어 커다란 관건이 될 것이다. 그리고 그것은 얼마나 풍요로운 인생을 보낼 것인가 하는 기본 명제와 관련돼 있다.

일은 효율적으로 그리고 여유는 충실한 자에게.

시간의 달인은 인생의 달인이기도 하다

제 5 장

시간이 늘 부족한 사람에게

꼭 필요한 콜럼버스의 달걀

시간 관리에도 발상의 전환이 필요하다

시간 관리의 비밀은 시각표에 있었다

나는 어릴 적부터 '시각표 마니아'였다. 특별히 여행을 떠나는 것도 아닌데 시각표를 구해서 '일정 기간, 적은 예산으로 되도록 많은 관광지를 돌아보려면 어떻게 해야 할까?' 등 조건을 붙여서 여행 스케줄을 짜는 것이 가장 좋아하는 놀이였는데, 한번 시작하면 밤을 세워 아침까지 열중하는 일이 수없이 많았다.

중학생이 되자 혼자 여행을 떠날 수 있게 되었다. 여관에서는 받아 줄 리 없기 때문에 처음에는 친척집을 중심으로 돌았다. 고등학생이 되어 비즈니스 호텔이나 유스 호스텔을 이용할 수 있게 되었지만, 비용이 한정돼 있었기 때문에 매일 밤 숙박하기는 어려웠다. 할 수 없이 지혜를 짜냈다. 지금은 사라지고 없지만, 규슈 섬 내에서 대중교통을 마음껏 자유롭게 탈 수 있는 자유이용권을 이용하여 고쿠라를 견학하고 그 길로 야간열차를 이용하여 가고시마 섬에 가서, 다음날은 가고시마 섬을 견학, 그리고 그날 밤은 하카다…… 이렇듯 남과 북을 야간열차로 오가는 빡빡한 일정으로, 10일에 걸쳐 규슈의 주요 관광지를 모두 돌았다.

어쨌든 아직 고등학생인 데다 이런 강행군이었기 때문에 부모님을 안심시켜 드릴 필요가 있었다. 그래서 가령 늦어서 열차를 타지 못하게 될 경우에는 어떻게 할 것인지, 비가 내릴 때는 어떤 일

★★ 시간 관리의 기본 발상은 시각표에 있다.

정으로 변경할 것인지에 대한 대처 방안을 미리 마련해 두었다. 그리고 매일 밤 전화로 움직이는 상황을 보고해 드렸으므로, 그다지 걱정할 일은 없었다.

지금 생각하면, 제한된 '시간'과 돈이라는 '자원'을 최대한 효과적으로 쓸 수 있도록 계획을 세우고, 문제가 생겼을 때 어떻게 대처할 것인지도 미리 가정하여 스케줄대로 움직이는 것을 통해 신뢰를 얻는다는 나의 사고 방식은 어린 시절의 시각표 놀이에서 시작되었다고 할 수 있다.

시각표는 숫자의 나열과 같아서, 주의 깊게 보고 있으면 스스로 여러 가지 생각을 떠올리게 된다. 이 시각에 이 열차를 달리게 하는 데는 역시 뭔가 이유가 있을 것이다. 또한 1개의 레일 위로 가능한 많은 열차를 달리게 하기 위해서는 세밀한 운행 편성이 필요한데 그것이 바로 시간의 융통성인 것이다.

한가롭게 하루에 몇 대의 열차만 운행하는 지방열차 정도라면 극단적인 얘기로, 운행표 등은 필요하지 않을 수도 있다. 하지만 1시간에 10대 이상의 열차가 달리는 중요 노선에, 게다가 보통열차에 급행, 특급 등 스피드나 정차역이 각각 다른 열차를 편성해서 달리게 하는 경우에는 세밀한 스케줄 관리가 요구된다.

이것은 개인의 시간 관리 면에서도 똑같다. 제한된 시간 안에 좀더 많은 일을 하려고 생각할 때, 계획이 없다면 도저히 처리할 수가 없다. 여러 개의 프로젝트가 어떻게 진행되는지 주시하면서 동시에 처리해 나가는 것은 전차의 운행과 비슷하다고 생각한다. 어떻게 운행표대로 하루하루를 보낼 것인가, 혹은 문제가 생긴 것을 어떻게 순조롭게 수정할 것인가를 자문하게 된다.

'시각'과 '시간'은 전혀 다른 것

우리말에는 시각과 시간이라는 2개의 단어가 있지만, 이 차이를 의식하는 사람은 의외로 많지 않다. 시각은 흐르는 시간상의 한 순간을 가리키는 단어이고, 시간은 한 시점에서 다른 시점까지의 사이를 가리키는 것이 본래의 의미다. 그래서 모이는 '시각' 이고, 수면 '시간' 인 것이다.

열차가 '시각표' 대로 운행된다는 것은, 'O시 O분' 이라는 정해진 '시각' 에 역을 출발하는 것을 의미한다. 시각과 시간의 차이를 인식하는 것은 스케줄 관리 면에서 중요한 포인트라고 생각한다.

'저녁때까지 해 두거라.' 라는 의미는 '저녁때까지 하기만 하면 된다' 라는 말이다. 그것보다도 O시 O분 작업 개시, ×시 ×분 작업 종료로 설정하는 편이 애매함을 없앨 수 있다.

'1시간이면 한다' 고 시간을 설정하면, 그 1시간을 미루기 쉬운 것이 인간의 특성이다. 똑같은 1시간이라도 O시 O분부터의 1시간으로 개시 시각을 설정하지 않으면, 나 같은 게으름뱅이를 규제하는 일은 극히 어렵다는 것이 나의 체험담이다.

지금도 나는 이 원고의 2페이지 분량을 1시간이라는 페이스로 쓰고 있다. 호텔에 틀어박혀 10시간 동안 집필을 하기로 계획을 세웠다. 즉, 20페이지 분량이다. 그러자 바로 '그까짓 20페이지, 쓰기만 하면 되잖아' 라는 악마의 속삭임이 들린다. 다시 말해서 처음에는 좀 게으름을 피워도 호텔 체크아웃 전까지 총력을 다한다면 상관없다는 확대 해석이 되는 것이다. 분명히 '쓰기만 하면 되는' 것이다. 하지만 이런 타협을 한 후 예정대로 일을 끝낸 적은 아직까지 단 한 번도 없다. 이미 마음이 해이해져서, 후반에 아무리 총력을 다하고자 채찍질을 해도 마음을 가다듬기가 힘든 것이다.

그래서 나는 매시간마다 알람이 울리게 한다. 또한 호텔일 경우에는, 3시간마다 모닝콜을 부탁한다. 만에 하나 방심하고 잠이 들 경우 일어나서 만회하기 위한 것이다. 10시간 일의 진행 방법도 '처음 3시간은 쉬엄쉬엄 하고 남은 7시간에 10시간 분량의 일을 하면 된다' 라는 발상을 버리고, 45분 일한 뒤 15분 휴식, 또 45분 일하고 15분 휴식하면서 신축성 있게 진행한다. 45분에 1시간 분량의 일을 집중적으로 하고, 15분은 샤워라도 하면서 기분 전환을 하는 편이 결과적으로 집중력을 지속시킬 수 있는 길이다.

잠이 오면 15분의 휴식 시간 동안 침대에 엎드려 잔다. 엎드려 자다 보면 답답하기 때문에 쉽게 눈을 뜰 수 있다. 만일 깊은 잠에 빠졌다 해도, 3시간마다 울리는 모닝콜이 있기 때문에 일에 큰 지장은 없다.

재택 근무의 확산 등으로 혼자서 일을 하는 사람이 늘고 있다. 자신이 직접 스케줄 관리를 해야 할 때는 이렇게 알람을 유용하게 활용하는 것도 지혜가 된다.

작심삼일인 사람은 3일마다 계획을 세워라

계획을 세워 무리 없이 잘 지켜 나간 경험이 있는 사람은, 일을 시작하기에 앞서 자연스럽게 계획을 세워 나간다. 그러나 계획을 세워도 전혀 실천되지 않는다고 불평하는 사람일수록, 계획을 세워도 소용없다며 계획을 세우는 일 자체를 포기한다.

하지만 이 말에는 모순이 있다. 계획을 제대로 실천하지도 못하는 사람이, 어떻게 계획을 세우지 않고 잘해 나갈 수 있다는 것인가? 계획을 100% 실천할 수 있는 사람은, 이미 자신의 머릿속에 순서가 짜여 있기 때문에 굳이 계획 등을 따로 세우지 않아도 좋다. 하지만 계획을 실천하지 못하는 사람이라면 계획이라도 세워 시간 낭비가 없도록 노력해야만 하지 않을까?

계획을 세워도 작심삼일이라면, 3일에 1번씩 계획을 세우는 것도 좋다. 나 역시 몇 차례에 걸쳐 노트에 줄을 긋고 계획을 수정하고서도 제대로 실천하지 못해서 곧바로 다시 계획을 세우곤 한다. 몇 차례 거듭하다 보면 요령도 생기고, 잘 안 되는 원인이 무엇인지도 파악하면서 현실적인 계획을 세울 수 있다면 성공한 것이다.

내가 수능 공부를 준비하던 무렵, 채 1시간도 집중하지 못해서 고민했던 일은 이미 말한 바 있다. 매번 계획을 세워도 실천에 옮기지 못하고 겨우 얻은 결론이 15분씩 과목을 바꾸어 가는 방식이었다. 이런 해결 방안을 모색하기까지, 몇 번이나 거듭해서 계획을 수정했는지 모른다.

집중력이 없다, 산만하다, 금방 싫증을 낸다고 자신을 비하해도 소용없다. 나는 금방 싫증을 내는 사람은 호기심이 왕성해서 여러 가지 일에 흥미가 유발되는, 신이 주신 혜택이라고 믿기로 했다. 그러자 조금은 홀가분해졌다.

지금은 흥미를 끄는 것을 대상으로 삼아 일을 추진하려고 하고 있다. 그것이 나만의 스타일이라고 생각하면서.

내 계획 중에서 가장 원대한 것이 있다면, 그건 바로 인생 30년이다. 30년 후 어떠한 인생을 보낼 것인지 목표를 정하고, '그것을 위해 시간과 자금을 어떻게 운용할 것인가'라는 문제를 제기하는 것이다. 이런 경우는 3일 간격으로 바꾸어 짜는 것이 아니라 대략 3년에 한 번쯤 계획을 수정하고 보완한다. 그리고 인생 30년 계획에 있어서는 10년의 중기 계획도 중요하다. 예를 들면, 집이나 차 구입, 자녀의 교육 계획, 자격 취득, 전직 등이 이에 속한다. 이 중기 계획은 1년에 한 번, 연초에 재검토를 해야 한다. 더 나아가 중기, 장기의 계획을 실천하기 위해서는 올 1년 그리고 이번 달, 이번 주, 오늘 하루를 어떻게 보낼 것인가에 대한 세밀한 계획도 필요하다. 1년 혹은 1개월의 계획이거나, 작심삼일일 경우에는 3일에 한 번씩 계획을 세워도 무방하다고 생각한다.

계획을 세우는 동안 시간의 중요성도 깨닫게 된다. 오늘 하루를 착실하게 쌓아 갈 때 1년, 10년의 계획이 있고 인생이 있다는 것을 실감할 수 있는 것만으로도 의미가 있다고 생각한다.

'15분밖에 없다'와 '15분이나 있다'의 커다란 차이

1분의 길이, 1분의 고마움을 모르는 사람은 잠시의 여유가 얼마나 소중한지 알지 못한다. 짧은 시간이라고 생각하고는 그저 흘려 버리고, 더군다나 아무런 후회조차 하지 않는다.

15분을 한 단위로 생각할 때, 겨우 15분으로 무얼 할 수 있냐고 하는 사람과, 15분이나 남았다고 생각하는 사람과는 결과 면에서 커다란 차이가 난다. 그리고 그 차이는 30분, 45분, 1시간이 지나게 되면서 더욱 커진다.

나는 전국을 여행하면서, 5분만 있다면 편의점 안을 둘러보고, 15분이 있다면 백화점에 들어가 에스컬레이터와 엘리베이터로 맨 위층까지 한차례 왕복, 슈퍼라면 식료품 매장을 한바퀴 돌고 나오는 일을 거의 매일 하고 있다. 그 외에 TV 체조라면 10분, 호텔 풀장에서 헤엄칠 경우는 15분, 조깅도 15분이다.

그런 것들이 무슨 소용 있냐고 반문하는 사람도 있을 것이다. 그러나 특별히 뭐가 되겠다는 생각에 하고 있는 것이 아니라, 호기심과 몸을 움직이고 싶다는 욕구가 향하는 대로 하고 있을 뿐이다. 하지만 이것을 매일 반복한다는 점에서 의미가 있다. 예를 들어, 단 5분이라도 매일 편의점을 둘러보기 때문에 변화를 깨달을 수 있다. 도시락 신상품의 매출 경향, 바깥 기온의 변화에 따른 오뎅 판매량

★★ 15분을 효율적으로 보내는 사람 · 휴지통에 버리는 사람

15분이 과연 '짧은 시간'인가?

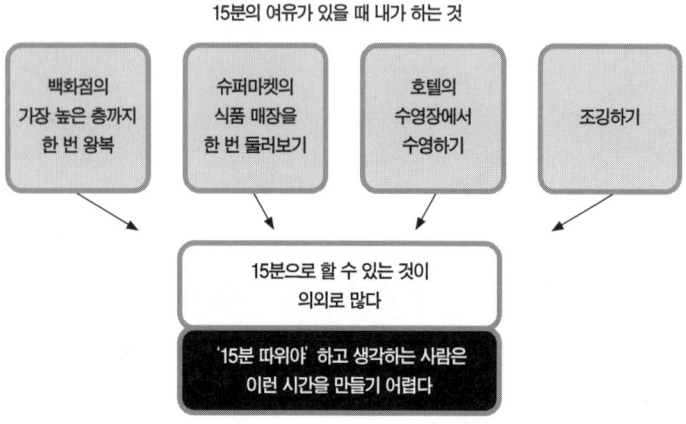

의 상관 관계 등 문제 의식을 갖고 진지하게 생각하면서 보기 때문에, 단순한 사실과 현상에서 웅변으로 이야기를 끌어 올 수 있다.

    수영도 15분 동안 열심히만 한다면 상당히 피로하다. 중년이 되면 수영을 할 기회가 거의 없기 때문에 의식해서 계기를 만들지 않는 한 절대로 하기 힘들다. 1년에 고작 한 번 하는 수영이 건강에 좋다고는 생각하지 않기 때문에, 늘 수영복을 준비해서 잠시라도 수영할 기회가 생기면 15분 정도 착실하게 실행에 옮기고 있다. 의사의 말에 따르면, 당뇨병 진행을 막는 데도 큰 효과가 있으며 한 달에 한 번 치는 골프보다 비교적 시간이나 돈이 적게 들고 건강에도 좋다고 한다.

이처럼 내가 지금까지 매일 계속하고 있는 것은, 어느 것을 막론하고 기껏해야 15분 이내에 해결할 수 있는 것들뿐이다.

15분 만에 할 수 있는 일은 상당히 많다.

아무리 바빠도, 15분 정도 시간을 만들려고 한다면 충분히 만들 수 있다. 요점은 15분이라는 시간을 만들 의지가 자신에게 있는가 없는가이다.

15분 따위는 의미가 없다고 처음부터 생각하고 있는 사람은, 15분을 만들려는 노력 자체를 애초부터 포기하는 것은 아닐까?

이 일은 승부에서 마지막까지 포기하지 않는 것과도 일맥상통한다. 내심 이겼다고 방심하는 순간, 최후의 마지막 순간에 역전되는 해프닝이 때때로 연출된다. 마지막 3초를 남겨 두고 역전 슛. 농구 등에서 볼 수 있는 최후의 절묘한 역전극을 보노라면, 1초의 위력과 길이를 생각하지 않을 수 없다.

'아직'이 '벌써'가 되고, '벌써'가 '아직'이 된다

'아직은 벌써가 되고, 벌써는 아직이 된다'는 말은 전문 주식 딜러들 사이에 전해지는 격언이다. 주식 거래는 그 타이밍을 끝까지 지켜보기가 어렵다. 주가가 상승세를 보이면 더 오를 것이라는 욕심과 기대를 갖게 된다. 하지만 그렇게 생각하는 사이에 어느덧 매도

할 타이밍을 놓쳐 버린다. '아직'이라고 생각할 때가 바로 '벌써' 매도해야 할 때인 것이다. 반대로 '벌써'는 매수를 할 때다. 주가가 충분히 내렸다고 생각하고 용단을 내리면, 실은 '아직' 내리고 있는 도중이기도 하다.

욕심이 너무 지나치면 안 된다. 또한 없는 자금을 투자하여 조급한 마음을 갖다 보면 판단을 그르치기 쉽다.

어떻게 타이밍을 잡을 것인가? 이것은 단순히 주식 매매에 그치지 않고 인생의 모든 결단에 대해서도 그렇다.

평소의 시간 관리가 왜 중요한 것인가는, 기회가 왔을 때 그것을 놓치지 않도록 미리 철저하게 사전 준비를 해 두어야 한다는 데 의미가 있다. 물건을 판매하려면 고객이 구매하려고 할 때인가, 아닌가를 끝까지 지켜보고 파악하여야 한다. 그리고 상황에 맞게 판매를 촉진시킬 수 있는 캠페인을 열어 최대의 효과를 노려야 한다. 크리스마스, 입학, 어버이날, 경로의 날 등 판매 촉진에 이용하기 쉬운 행사도 여러 가지가 있다. 1년 동안 그런 이벤트를 노리고 재빠르게 움직일 수 있는 사람이야말로 우수한 영업 사원인 것이다.

물론 매년 관례이기 때문에 예년대로 준비하는 경우도 있다. 하지만 구매 고객은 '예년대로'를 식상하게 받아들일 수 있다. 그래서 구매 의욕도 떨어지고 인상이 나빠질 수도 있다.

그렇기 때문에 지혜를 짜 내어 참신하고 새로운 아이디어를 구상해야만 한다. 하지만 새로운 기획을 연간 이벤트 달력에 하나씩 더해 가는 것은 상당히 벅찬 일이다. 누구라도 편하게 '예년대로' 하는 쪽을 선호할 것이다.

예산을 쓰는 일에는 관심이 많아도 그 효과에 대해서는 그다지 관심을 보이지 않는 관공서의 행사는 '예년대로' 진행해도 문제가 없다. 그렇지만 물건을 판매하고자 하는 사람이라면 '예년과는 다른' 것으로 승부해야 할 것이다.

그래서 '시간이 열쇠'인 것이다. 사전 준비는 아무리 철저해도 지나치지 않다. 아직도 시간이 남아 있다고 생각하면 이미 끝이다. 반대로 마지막까지 버티면서, 좀더 나은 아이디어로 마무리하지 않으면 안 된다. 최후의 마지막까지 포기해서는 안 된다. '이젠 틀렸어'라고 생각하는 순간부터 끝나는 것이기 때문에, 아직 할 수 있다는 마음으로 마지막 1분 1초까지 전력을 다하지 않으면 안 된다.

'아직'은 '벌써'가 되고, '벌써'는 '아직'이 된다. 타이밍을 지켜보고 펼쳐지는 상황에 집중한다. 이것이야말로 비즈니스에서 성공할 수 있는 열쇠이다.

'Dog Year 시대'를 어떻게 살아갈 것인가?

많은 기업 경영자를 취재하고 느낀 점은, 우수한 경영자일수록 '기회를 보는 데 예리하다'는 것이다.

세상은 IT(Information Technology) 혁명의 물결로 한창이다.

산업혁명 이후 최대 혁명이라 일컬어지는 새로운 인터넷 산업 구축의 시기를 놓치지 않겠다고 국경을 넘는 대단한 움직임이 시작되고 있다.

아무튼 IT는 흔히 Dog Year라 불리고 있다. 강아지에게 있어서의 1년은 사람에게 있어서 7년에 해당하기 때문에, 이 세계의 1년은 다른 분야의 7년에 해당한다는 의미이다.

그만큼 지금, 이 타이밍을 놓쳐서는 안 된다는 생각에 경영자들은 혈안이 되어 있다. 하드웨어 제조업자를 비롯해 컴퓨터 소프트웨어 혹은 인터넷 정보 콘텐츠 산업으로 사업 내용을 확장하려고 하는 기업, 인터넷을 부품이나 자재 조달에 도입하려는 기업, 또 지금까지 영업 사원 위주의 판매에서 네트워크에 의한 직판으로 바꿈으로써 판매 비용의 삭감과 대폭적인 업무 확대를 지향하려고 하는 기업에 이르기까지.

인터넷은 지방의 중소기업이라도 기획 상품과 약간의 선전 비용으로 전 세계에 판매할 수 있는 찬스를 제공해 준다는 의미에서 획기적이다. 본사의 자본력을 내세워 유리하게 상품을 판매한다는, 지금까지의 경제의 기본적인 조직 범위에서 생각한다면 '하극상 시대' 가 온 것이다.

한편 인터넷 비즈니스의 또 한 가지 특징은 '먼저 한 사람이 우선' 이라는 점이다. 네트워크 상에서 재빨리 제품을 만들어 버리면 거기에 관심이 집중하는 경향이 있다. 따라서 '기회를 포착하는 데 민첩한' 경영자들이 일제히 몰려들기 시작한 것이다.

하지만 가능성을 찾아 들어갔다 해도 그다지 성과가 오르지 않는 경우도 많다. 그때는 어떻게 물러날 것인가? 이 또한 중요한 판단이다. 신중하게 시간을 갖고 판단하는 것이 이상적이지만, Dog Year 시대인 지금, 과연 그런 여유가 있는가 하면 그렇지도 못한 것이 현실이다.

시간적 여유가 없으므로, 경영자는 매순간 정확한 판단을 내려야 한다. 물론 섣부른 판단은 허용되지 않기 때문에 평소의 연습이 일순간에 응축되지 않으면 안 된다. 생각하고 난 뒤에 달리는 것이 아니라 달리면서 생각하는 것이다. 인터넷 기업 경영자의 연령을 보면 30대가 중심이고 기껏해야 40대 초반 그리고 20대도 많다. 단순히 테크놀로지에 강한 세대이기 때문만은 아닐 것이다. 그들은 Dog Year 시대를 앞질러 달리는 민첩한 운동신경의 소유자인 것이다.

TOP이란 T.P.O를 아는 사람

대량 적자, 늘어만 가는 불량 채권……. 해고, 감원, 공장 폐쇄, 점포의 총파업으로 일본 기업의 대다수는 적자 유산 정리에 쫓기고 있다.

전쟁과 마찬가지로 경영도, 공격할 때보다 훨씬 더 어려운 것이 후퇴의 결단을 내릴 때다. 대규모의 해고를 단행하여 경영 재건 중인 기업으로 닛산 자동차가 있다. 일찍이 도요타 자동차와 패권을 다투던 명문 자동차 회사도 결국 거액의 누적 적자를 짊어지고 프랑스의 르노와 제휴하여, '코스트카트'라는 별명을 가진 카를로스 곤 씨의 경영 아래 도쿄의 교외에 있는 무라야마 공장을 폐쇄하는 등 과감한 합리화에 적극 나섰다.

곤 씨는 합리화 계획의 일환으로 '일본적인 계열 정리' 등도 문제삼고 있다. 1995년에 닛산 자동차가 가나가와 현의 자마 공장을 폐쇄했을 때 그 고장의 강한 반발이 있었다. 자동차 산업은 주변에 많은 부품 업체나 하청 공장을 필요로 하기 때문에 지역 산업이라는 색채가 강하다. 과거의 경위를 생각하면, 지금까지의 닛산의 경영진들은 섣불리 '과감한 합리화 계획'을 추진하지 못했을 것이다.

그 점에서 외국인인 곤 씨는 일본적인 인간 관계에 얽매이는 일 없이 냉정하고 객관적인 판단을 내릴 수 있는 입장이었을 것이다. 고통이 수반되는 정리 계획은 누구라도 자신의 손으로 처리하고 싶지 않을 것이다. 특히 총지휘자였던 경영자가 자신의 손으로 직접 그 일을 처리하기는 더욱 어려울 것이다. 왜냐하면 그것은 자신의 실패를 인정하는 것이기 때문이다.

하지만 그렇다고 해서 망설이다 보면 결과적으로 정리의 순간을 놓쳐, 기업의 존속을 위태롭게 만드는 경우도 많다.

최근 파산한 기업 중에는, 나중에 분식결산이 표면화되는 사례가 많다. 파산 직전까지 마치 경영이 잘되어 가고 있는 듯이 알려져 있었던 것이다. 결국 정리하고 다시 시작하는 기회를 스스로 포기하고 만 것이다.

TOP은 T.P.O다. 즉, 시간(Time)과 장소(Place)와 경우(Occasion)를 생각해서 순간에 판단을 내릴 때야말로 기업은 건전하게 움직일 수 있는 것이다. 그리고 이것은 기업 경영뿐만이 아니라 개인의 인생에 대해서도 똑같이 적용된다고 생각한다.

인생도 역시 결단의 연속이다. 지금까지처럼 경제가 순조롭다면 한 가지 길만 가는 것으로도 충분할지 모른다. 이를테면 습관적으로 그럭저럭 지내 왔을 것이다. 그러나 격동기에 들어서면서부터 기업 속에 계속 몸담고 있는 일이나 거기에서 나오는 것에도 결단이 필요하게 되었다. 자신의 인생 계획 안에서 언제가 결단의 시기인가, 판단이 요구된다.

스스로의 인생을 어떻게 경영할 것인가? 그렇게 생각한다면 우리들은 모두 경영자인 셈이다.

말하기의 기본은 3분임을 명심하라

TV 프로그램에서 경영자들과 인터뷰를 하고 느낀 점이 있다. 우수한 경영자일수록 말을 잘한다는 것이다. 말을 잘한다는 의미는 반드시 달변이라는 뜻은 아니다. 간결하고도 요점이 분명하다. 결론을 서두에 두고, 청취자들이 쉽게 이해할 수 있도록 얘기한다. VTR로 편집 작업을 하는 동안 계속해서 반복되는 연설을 들어 보면 알 수 있다.

설득력 있는 얘기에는 몇 가지 공통점이 있다. 우선, 연설을 길게 한다고 해서 좋은 것은 아니라는 점이다. 하고 싶은 말을 전부 하려다 보면 지루하게 길어지고 만다. 결과적으로 신축성이 사라지고 본래 하고자 했던 말이 무엇이었는지 희미해져 버린다. 연설이 장시간 이어지면 청취자의 주의가 산만해진다. 청취자가 없는 연설이 무슨 소용인가. 연설의 한계는 3분이다.

3분 안에 연설을 매듭지으려는 생각이 능숙한 연설의 첫걸음이라고 생각한다. 한두 개의 포인트에 맞춰, 그것을 어떻게 알기 쉽게 전할 것인가 지혜를 짜야 한다. 시간 제한이 없다 보면 마음이 편해져서 얘기의 조리가 없고 늘어지기 십상이다.

다음으로, 훌륭한 연설은 단문인 경우가 많다. 1개의 주어와 술어로 1개의 문장을 만든다. 상대는 귀로 듣기 때문에, 짧고 단순한 문장 쪽이 이해하기 쉬운 것은 당연하다. 더불어 결론을 먼저 말하고 그 이유는 나중에 말하면서, 마지막에 한 번 더 결론을 반복하는 사람이 능숙한 연설자이다.

또한 청취자의 입장이 되어 말을 해야 한다. 일부러 전문용어나 영어를 연발하는 것도, 청취자가 이해할 것인지에 대한 배려가 부족하기 때문이라고 생각하지 않을 수 없다.

★★ 훌륭한 연설에는 요령이 있다.

우수한 경영자들의 말하는 방법

- 3분 이내에 끝낸다
- 단문으로 정리해서 말한다.
- 결론부터 말한다 → 이유를 말한다 → 한 번 더 결론을 반복한다
- 전문용어나 외래어는 피한다
- 훌륭한 연설은 자질이나 우연에 의한 것이 아니다 / 사전에 얼마나 구성을 잘해 놓았느냐에 따라 결정된다
- 청중의 눈높이에서 재구성한다

구성을 생각하는 것도 청취자에 대한 배려의 일환이다.

아무튼 사람은 생각이 떠오르는 대로 말하게 마련이다. 그러나 화자의 머리에 떠오르는 순서가 청취자가 이해하는 순서와 일치할 리는 없다. 그렇기 때문에 떠오른 생각을 상대가 이해하기 쉽도록 재구성하는 작업이 필요하다. 이 작업을 한 흔적이 없는 연설은 역시 청취자로부터 호응을 얻기 어렵다. 청취자가 있고 난 후에야 연설이 있다.

훌륭한 연설은 우연이나 자질의 문제가 아니라, 얼마만큼 짜임새 있게 구성하였는가로 결정된다. 그리고 화자의 의식 속에 3분이라는 초시계를 두느냐, 마느냐에 달렸다.

'3초의 수고'를 아끼지 말자

20년 전쯤, 취업 면접을 보기 위해 소매업을 방문한 적이 있는데 그때 대기실에서 순서를 기다리고 있는 동안 홍보용 비디오를 보게 되었다. 그 업체에서 에어컨을 팔고 있다는 여성 판매원의 성공 비밀을 지금까지도 분명히 기억하고 있다. 한마디로 '밑져 봐야 본전이니까 일단 한 번 말을 걸어 보자'라는 것이었다.

고객이 온다. 구매할 생각이 있는지, 없는지 알 수 없다. 그래도 어쨌든 한마디 건네 본다. 그에 대한 반응을 살피면서 순간적으로 판매 전략을 세운다.

'밑져 봐야 본전이니까 일단 한 번 말을 걸어 보자.'

그 이후 내 머릿속에는 실로 이 단순한, 표어와 같은 말이 몇 번이고 거듭 되살아났다. 물론 내 일이 판매는 아니지만 비즈니스가 난관에 부딪히거나 하면, '밑져 봐야 본전이니까 일단 한 번 말을 걸어 보자'는 그 말을 상기한다.

비즈니스 현장의 격렬한 판매 경쟁에서 보면, 상품에 우열이 있는 경우는 금방 순위가 결정되지만 최후의 마지막까지 엎치락뒤치락할 경우에는 판매 사원의 성의에 의해 판가름나는 경우가 많다. 마지막까지 단념하지 않고, '밑져 봐야 본전이니까 일단 한 번 말을 걸어 보자'라는 마음으로 한 번 더 밀어붙이는 사람이 이기는 것이다.

　중요한 것은 3초의 수고를 아끼지 않는 것이다. 3초를 이용하여 성실하게 메일이나 전화를 한다. 혹 라이벌도 메일이나 전화를 한다면, 더 나아가 팩스나 편지를 보내어 강한 인상을 심어 준다. 그리고 거기서 그치지 말고 직접 찾아가서 인사하기를 반복한다. 언뜻 보기에는 무모하게 생각될지도 모르지만, 다른 조건에 별다른 차이가 없다면 고객들도 그런 판매 사원의 성의에 동요하는 것이 인지상정이다.

　예를 들어 자동차 세일즈의 경우, 두 회사의 어느 쪽도 우열을 가리기 어렵다고 하자. 이때 고객 입장에서는 성실하게 다가오는 영업 사원의 성의에 커다란 점수를 줄 것이다. 이유는 단순한 관심이 아니라 차를 구입한 이상 그 후의 애프터서비스가 걱정되기 때문이다. 만약 사고나 고장이 났을 때 이 영업 사원은 자신의 일처럼 친절하게 상담에 응해 줄 것인가? 그런 생각을 하기 때문에 영업 사원이 평가의 대상이 되는 것이다.

　밑져 봐야 본전이니까 일단 한 번 말을 걸어 보자. 결코 헛되지는 않을 것이다. 승부는 마지막 말을 놓을 때까지 알 수 없다고 하지만, 마지막 한 순간까지 고삐를 늦추지 말고 최선을 다하는 것이 무엇보다 시간을 헛되이 보내지 않는 것과 통한다고 생각한다.

좋은 결과를 위해서는 시간이 좀더 필요하다?

일본 백화점 협회가 발표하는 '각 가맹점의 판매고'라는 것을 매월 주의 깊게 읽다 보면 매우 흥미롭다.

온통 변명들뿐이다.

'이번 달은 장마의 영향으로'

'이상 기온 때문에'

'금년은 휴일이 적어서'

결론은 그래서 매상이 늘지 않는다는 것이다.

최근 10년 남짓, 백화점 업계의 저조한 실적은 누가 봐도 명백하다. 할인 매장 등 다른 업태가 늘어나면서 백화점 업계 내의 구조상의 문제가 매상 감소로 이어져 많은 가게가 폐업을 하거나 곤경에 빠져 있다. 그러나 매월 매상 감소를 보고하는 보고서에는 언제나 '날씨나 캘린더의 탓'인 것이다.

사람들은 실적이 나쁜 원인이 자신에게 있다고는 인정하고 싶어하지 않는다. 그래서 필사적으로 '내 잘못이 아니다'라고 둘러댈 이유를 생각한다. 마감에 늦었을 때도 변명거리는 많다.

'갑작스런 사고로'

'다른 일이 겹쳐서'

하지만 뜻밖의 사고나 예기치 못한 일이 발생할 수도 있다는 사실을 감안하지 못했다는 것은, 역시 예측을 너무 쉽게 한 나 자신의 실책이 아닐까?

그런가 하면, 아주 구차한 변명을 대는 경우도 있다.

'나는 좋은 작품을 쓰고 싶어요. 그렇게 하기 위해서는 좀더 시간이 필요합니다'라며, 마감 날을 연기해 달라고 조르는 경우다.

정해진 마감 날을 지켜서는 좋은 작품을 만들지 못하는 것이냐고 금방이라도 말하고 싶다. 그렇게 반격하면, 상대는 틀림없이 침묵으로 일관할 것이라는 예측에 진력이 났다. 마감에 맞추지 못한 자신의 무능력을 은근슬쩍 바꿔치려는 아주 비열한 표현이 아

★★ 프로라면 마감을 지키는 것은 상식 이전에 마음가짐이다.

닐 수 없다. 프로라면 우선 좋은 작품을 만드는 것은 당연한 일이 아닐까? 그리고 마감 날을 지키는 것도 지극히 당연한 일이다.

결국 변명을 생각해 내자면 끝이 없는 것이다. 기일에 맞추는 것과 하루 늦어지는 것과는 엄청난 차이이다. 하루가 늦었든 3일이 늦었든, 늦은 것은 늦은 것이다. 하루 정도 늦었는데 괜찮겠지 하고 자신에게 관대해지다 보면, 머잖아 3일 늦어진 것에도 무감각해지기 마련이다. 중요한 것은, 마감은 고객을 위해 있다고 생각해서는 안 된다는 것이다. 마감이라는 것은 자기 자신에 대한 것이다.

다음으로 비약하기 위한 금요일 밤 활용법

월요일 아침, 다소 긴장감을 갖고 한 주간의 일정을 시작했다. 화, 수, 목에 걸쳐 열심히 살고 마침내 금요일을 맞는다. 이번 주에 예정했던 일은 모두 충분히 소화를 시켰는지 확인할 때다. 사실 빈틈없이 스케줄을 짠다고는 하지만, 매주 금요일 밤부터 토요일에 걸쳐서는 힘든 상황을 넣지 않고 있다. 일요일은, 월요일부터 시작되는 일주일의 스케줄을 원활히 처리할 수 있도록 준비하는 날로 정해져 있다. 그렇기 때문에 내게 있어서 주말은 이 금요일 밤부터 토요일까지가 되며 한 주를 마감하는 귀중한 시간이 된다.

여느 때는 신칸센이나 비행기 안에서 원고를 쓰는 등 일에 몰두하고 있지만, 금요일에 일을 끝내고 나면 맥주를 마시면서 음악을 듣거나 유머 잡지를 읽으며 한가롭게 보낸다. 그리고 집으로 돌아와서는 한 주를 정리한 후 여유 있게 사색에 잠기거나 앞으로 무슨 일을 할 것인지에 대한 계획을 세운다. 평일이 '전술'을 구사하는 날이라 한다면, 이 금요일 밤은 다음으로 비약하기 위한 '전략'을 세우는 날이다.

가장 어려운 것은, 한 주가 끝나면 기진맥진한 채 녹초가 된다는 것이다. 그렇다고 해서 주말 내내 잠만 잔다면 월요일부터 스케줄에 쫓기며 정신없이 한 주를 시작하게 될 것이다. 어떻게든 그 숨가쁨을 단절하고 전략적으로 새로운 한 주에 대처할 수 있는, 그런 주말을 만들고 싶다.

토요일. 나는 풀장에서 수영하거나 회원제 체육관에서 땀을 흘리는 일이 많다. 기분 전환을 하는 데는 몸을 움직이는 것이 가장 좋다. 오히려 지쳐 있을 때야말로 가볍게 움직이는 편이 좋다. 물 속에서 몸을 움직여 가며 이번 주의 반성과 다음 주의 일정 등을 생각해 본다. 그러나 여기에서는 거의 머리는 쓰지 않는다. 결국 그런 일은 잊어버리고, 어느새 무심해져 있다.

풀에서 나와 샤워를 하고 맥주라도 마시고 잠이 들면, 마음 깊은 곳에서부터 해방감을 맛볼 수 있다. 이렇게 기분 전환을 하고 나서야 비로소, 다시 또 분발하자는 기분이 드는 것이다.

이것은 자기 자신에 대한 일종의 의식과 같은 것이다.

'이번 주도 수고했습니다. 다음 주도 역시 분발합시다'라는 작은 격려를 정형화해 두는 것도, 중요한 시간 관리의 방법이라 생각한다.

에.필.로.그.

...

...

...

...

낭패감에 싸여 있었다.

나는 마감에 늦지 않는다고 공언했고, 이 책도 몇 개월 전에 편집자와 약속한 날짜에 맞추겠다고 프롤로그에서 단언했다.

그런데…… 순회 강연 도중, 나고야에서 입원한 것이 나흘 전 일이다. 며칠 동안 구토와 설사가 끊이지 않았고 식사를 전혀 할 수 없었지만, 그럼에도 예정대로 강연 등의 일정을 무사히 마쳤다.

하지만 결국 이동 중이던 열차에서 위장이 뒤틀리는 듯한 심한 고통을 느껴서 호텔에 체크인을 한 뒤, 소개받은 병원으로 택시를 타고 갔다. 의사는 곧바로 입원하라고 했다. 바이러스성 급성 장염으로, 일주일 정도는 영양제를 투여해야 한다는 진단이었다.

하지만 이튿날 이후에도 강연 스케줄이 잡혀 있었다. 나는 절대로 쉴 수가 없었다. 의사와 담판을 지어야 했다.

의사는 몸 상태가 좋지 않아 퇴원시킬 수 없다고 한다. '밑져야 본전이니까' 일단 한번 말을 걸어 보자. 마침내 나의 제안은 통과되었다. 강연이 끝나면 곧장 다시 돌아와 영양제를 맞는다는 조건이었다. 맡은 일에 대해서는 기필코 책임을 완수하겠다는 나의 의지가 통한 것이다. 다만 남은 사흘만에 이 책을 다 쓰겠다고 한 약속을 지키기는, 솔직히 말해 거의 절망적이었다.

어쩔 수 없이 편집자에게 사정을 말했다. 하지만 사실 나 자신은 그 때까지도 포기하지는 않고 있었다.

기적이 일어났다. 다행히도 입원하고부터의 치료가 적절했기에, 내 상태는 급속도로 호전되어 3일째 되던 날 병원을 나와 간단한 식사를 할 수 있었다.

그리고 사흘째. 바로 지금 이것을 쓰고 있는 오늘이 약속했던 마감날이다. 지금 나는 어쨌든 마지막 프롤로그까지 가까스로 완성했다는 안도감에 젖어 있다. 맹장염 이후 30년 만에 입원하게 된 나는 침대 위에서 몇 번이고 생각했다. 건강이 있고 나서야 시간 관리도 있다는 것을. 이 책의 내용을 나 자신의 몸을 통해 절실하게 느끼게 되었다.

그리고 아무리 조심을 한다 해도 사고는 역시 발생하는 것이다. 나 자신이 그렇게 갑자기 입원하게 되리라고는 꿈에도 생각지 못했다. 그렇기 때문에 계획에는 여유를 갖지 않으면 안 된다. 특히 이번에는 집필의 완성 직전에서 문제가 있었던 만큼 내게 있어서도 반성의 계기가 되었다.

똑똑 떨어지는 영양제의 희미한 소리가 나에게는 일 초 일 초 시간이 흐르는 소리로 들려, 몸의 고통 이상으로 괴로웠다. 단기간에 회복하여 마지막 전력을 쏟아 어떻게든 마감 날짜를 맞출 수 있었던 것은 집념 이외는 아무것도 아니었다.

이 책에서 나는 경험을 바탕으로 한 시간론을 전개시켰다. 내가 가장 호소하고자 했던 것을 굳이 반복하자면, '시간은 인생의 최대 자원'이라는 것이다. 시간을 자원이라고 생각하느냐 마느냐에 따라 사용하는 법이 완전히 달라진다.

시간은 의식하는 사람에게는 짧게, 의식하지 않는 사람에게는 영원히 계속되는 것처럼 생각되는 법이다. 시간을 유한 자원이라고 생각할 때 비로소 그 가치도 느끼게 된다. 그리고 확실히 시간은 짧다.

이 책에서 시간을 키워드로 한 비즈니스를 몇 가지 소개한 것도 바로 이 점에 있다. 시간에 부가가치를 부여하려고 하는 비즈니스의 발상은, 우리들이 하루하루를 보내는 방법에도 응용될 수 있다고 생각한다. 분명 시간은 돈이다.

이 책의 내용은 나의 체험을 바탕으로 쓴 것이므로 독자에게 얼마나 도움이 될지는 솔직히 잘 모르겠지만, 시간을 지키는 일의 중요함을 깨닫게 하는 데 조금이라도 도움이 될 수 있었다면 나에게 있어서 그보다 큰 기쁨은 없을 것이다.

에필 로그

옮긴이. 권성훈
현재 동국대학교 전자공학과 박사과정을 이수하고 있으며, (주)컴의 연구원으로 활동 중이다.
전자공학과 컴퓨터공학 등, 공학에 관련된 각종 문서와 매뉴얼을 전문적으로 번역하고 있다.

CEO의 다이어리엔 뭔가 비밀이 있다

지은이   니시무라 아키라
옮긴이   권성훈

1판 1쇄   찍은날 2001년 10월 20일
1판 35쇄   펴낸날 2013년 7월 10일

펴낸이   이영혜
펴낸곳   디자인하우스
        서울시 중구 동호로 310 태광빌딩
        우편번호 100-855, 중앙우체국 사서함 2532
대표전화   (02)2275-6151
영업부 직통 (02)2263-6900
팩시밀리   (02)2275-7884, 7885
홈페이지   www.design.co.kr
등록   1977년 8월 19일, 제2-208호

편집장   김은주
편집팀   장다운, 공혜진
디자인팀   김희정, 김지혜
마케팅팀   도경의
영업부   김용균, 오혜란, 고은영
제작부   이성훈, 민나영
일러스트   이종미
사진   박우진
교정   박종례, 이정민
인쇄   신흥P&P

값 7,800원
ISBN 89-7041-189-5 03320